KB006945

뉴질랜드

NEW ZEALAND

뉴질랜드

NEW ZEALAND

수 버틀러, 릴야나 오르톨야-베어드 지음 | **박수철** 옮김

세계의 **풍습과 문화**가
궁금한 이들을 위한
필수 안내서

시그마북스
Sigma Books

세계 문화 여행 _ 뉴질랜드

발행일 2024년 2월 7일 개정판 1쇄 발행
지은이 수 버틀러, 릴야나 오르똘야-베어드
옮긴이 박수철
발행인 강학경
발행처 시그마북스
마케팅 정제용
에디터 최연정, 최윤정, 양수진
디자인 강경희, 김문배

등록번호 제10-965호
주소 서울특별시 영등포구 양평로 22길 21 선유도코오롱디지털타워 A402호
전자우편 sigmabooks@spress.co.kr
홈페이지 http://www.sigmabooks.co.kr
전화 (02) 2062-5288~9
팩시밀리 (02) 323-4197
ISBN 979-11-6862-205-0 (04900)
          978-89-8445-911-3 (세트)

CULTURE SMART! NEW ZEALAND

Copyright © 2018 Kuperard Publishing an imprint of Bravo Ltd.
First published in Great Britain by Kuperard, an imprint of Bravo Ltd.
Korean language edition published by SigmaBooks Copyright © 2024

Images on pages 14, 60, 80, 108, 134, 170, 194, 212 © Shutterstock.
Images on these pages are reproduced under Creative Commons Attribution Share-Alike licenses 1.0, 2.0, 2.5, 3.0 and 4.0:
16 © giiku; 18 © Badchess666; 22 © David Eccles (gringer); 42 © Gringer; 46 © Fir0002 at en.wikipedia; 48 © russellstreet; 54 © Ed Kruger; 55 © Carl Lindberg; 56-57 © Maros Mraz; 63, 64 © Kyle Lockwood; 78 © Becks28nz; 81 © Greg O'Beirne; 82 © Alexander Klink; 109 © Flimin; 112 © Winstonwolfe at English Wikipedia; 118 © JJHarrison(jjharrison89@facebook.com); 123 © Cheatsheet; 136 © Pdemchick; 137 © Frits Hoogesteger; 142 © Agne27; 147 © OceanKiwi at English Wikipedia; 155 © Gage Skidmore; 164 © Frank Schulenburg; 173 © Turismo Baquia; 177 © Matthew25187; 182 © Johnragla; 184 © W. Frank; 195 © Koerg Mueller; 208 Michal Jozefaciuk; 216 © Wiremu.
Images on the following pages are reproduced under Creative Commons Attribution 2.0 and 2.5 Generic license: 62 © Tatania Gerus; 76 © Robert Cutts; 89 © Craig Maccubbin; 100 © Erin A. Kirk-Cuomo; 102 © Jean-Pierre Dalbera; 154 © NZatFrankfurt; 158 © unofficialenglandrugby; 161 © margaritanitz.

이 책의 한국어판 저작권은 Kuperard Publishing an imprint of Bravo Ltd.와 독점 계약한 시그마북스가 소유합니다.
저작권법에 의하여 한국 내에서 보호를 받는 저작물이므로 무단전재와 무단복제를 금합니다.

파본은 구매하신 서점에서 교환해드립니다.

* 시그마북스는 (주)시그마프레스의 단행본 브랜드입니다.

뉴질랜드 전도

태즈먼해

북섬

러셀
아일랜드만
노스랜드주
다가빌
그레이트
배리어섬
하우라키만
오클랜드주
코로만델
반도
오클랜드
해밀턴
플렌티만
베이오브
플렌티주
와이카토
화카타네
로토루아
기즈번주
루아페후산 ▲
타우포호
타라나키주
호크만
네이피어
마나와
황가누이주
헤이스팅스
호크스베이주
태즈먼주
파머스턴 노스
넬슨주
웰링턴주
넬슨
픽턴
쿡해협
웰링턴
블레넘
말버러주

그레이마우스

웨스트코스트주
캔터베리주
쿡산 ▲
크라이스트처치
남알프스
아카로아
캔터베리 평원
캔터베리만

태평양

밀퍼드사운드

퀸스타운
오타고주

남섬

사우스랜드주
더니든
블러프
포보해협
스튜어트섬

차 례

- 뉴질랜드 전도   005
- 들어가며   008
- 기본정보   011

01   영토와 국민

지리적 정보   015
기후   020
섬사람들의 나라   023
역사적 개관   027
경제   043
정부와 정치   047
주요 도시와 흥미로운 지역   053

02   가치관과 사고방식

국민적 자긍심   061
평등과 도의적 공정성   067
종교   071
유머   073
타인에 대한 태도   074
여성에 대한 태도   075
마오리족에 대한 태도   077

03   관습과 전통

공휴일   081
영국의 유산   083
영국인의 이주   084
호주와의 관계   091
마오리 문화   095

04   일상생활

집이 항상 마음의 안식처는 아니다   109
교육   119
상점과 은행   124
텔레비전을 비롯한 대중매체   127
귀화   130

05   여가생활

음식과 음료   135
외식   144
식사 초대   150
쇼핑   151
문화 관련 취미   151
스포츠   156
주요 행사   165
휴식   166

06	여행과 건강, 그리고 안전	
입국과 출국		171
이동 수단		174
장애인 편의시설		182
숙박		184
건강과 안전		185
범죄		189

08	의사소통	
뉴질랜드 영어 이해하기		211
뉴질랜드인의 의사소통 방식		215
유머		219
우편 서비스		220
첨단기술		222
결론		224

07	비즈니스 현황	
사업에 대한 일반적 태도		193
뉴질랜드인들의 직장		194
관련 법률		198
뉴질랜드에서 일하기		199
뉴질랜드에서 사업하기		200
약속 잡기		200
회의		201
프레젠테이션		202
협상		204
계약		205
분쟁 해결		206

• 참고문헌	227

뉴질랜드, 즉 아오테아로아('길고 흰 구름의 땅'이라는 뜻의 마오리어)는 신화와 현실, 대비와 모순, 빙하로 뒤덮인 산과 굽이치는 언덕, 거친 미개간지와 부드러운 경작지의 나라다. 청록색 호수, 물살이 센 강, 끓어오르는 진흙, 솟구치는 간헐천은 고유의 동식물 군과 더불어 극적인 경치를 빚어낸다.

뉴질랜드에는 여러 나라 출신의 이민자들이 정착해 살고 있다. 그래서 뉴질랜드의 문화는 풍부하고 다채롭다. 영국인들이 19세기 초반부터 누렸던 우월적 지위는 중국, 필리핀, 인도 출신의 이민자들이 늘어나면서 흔들리기 시작했다. 마오리족의 유산은 여전히 큰 영향을 미치고 있으며, 뉴질랜드 정체성의 일부분을 차지하는 것으로 평가된다. 실제로 일상생활에서 마오리어 단어와 숙어가 점점 더 많이 쓰이고 있다. 외국인들이 테 레오 마오리(마오리어)의 중요한 단어 몇 가지를 배워두면 아마 뜻밖의 소득이 있을 것이다.

뉴질랜드인들은 친절하고 호의적이다. 대가를 바라지 않은 채 기꺼이 여러분을 도와줄 것이다. 다양한 나라에서 건너온 이민자들이 서로 뒤섞여 살면서 뉴질랜드인 특유의 개성이 형성되었다. 그들은 이방인을 낯설어하지 않고, 상대방을 격의 없이 대할 것이다. 대체로 공손하고 다정하며(경기장에서는 예외) 남을 잘 믿고 정직하다. 허세를 부리지 않고, 상대방의 태도에 휘둘리지 않으며 솔직한 태도를 선호한다. 이런 성격은 사치와 담쌓은 채 먹고살기 위해 오랫동안 힘들게 일했던 초기의 정착민 시절에서 비롯된 것이다. 특히 농촌 지역 주민과 근검절약이 익숙한 기성세대에게는 그 시절의 기억이 아직 남아있다. 물론 뉴질랜드인들은 더 나은 삶을 위해 열심히 일하지만 욕심이 그리 많지는 않다. 용감하고 실용적이었던 에드먼드 힐러리 경(에베레스트 산을 최초로 등정한 뉴질랜드 산악인 – 옮긴이)은 뉴질랜드인의 정신을 구현한 인물로 자주 거론된다. 그는 이렇게 말했다. "어떤 면에서 나는 전형적인 뉴질랜드인 같다. 내게는 적당한 수준의 능력이 있고, 거기에 확고한 결단력이 덧붙었다. 성공하고 싶은 마음도 있다."

　뉴질랜드인들은 자연환경과의 깊은 유대감을 품고 있다. 최근 아벌 타스만 국립공원의 아와로아 해변(800미터에 이르는 자연 그대로의 해안선)이 민간인 소유로 넘어갈 뻔한 위기를 넘긴 사건은 자연환경을 특정인이 독점할 수 없다는 단호한 신념의 증거다. '기버리틀'이라는 이름의 크라우드펀딩을 통해 4만여 명의 기부자들이 200만 뉴질랜드 달러 이상을 모았고, 결국 아와로아 해변을 지켜낼 수 있었다.

뉴질랜드는 기후가 온화하고 환경이 깨끗하며 자연친화적이다. 공공서비스는 믿을 만하고, 전반적으로 안전하며 편하게 방문할 수 있는 나라다. 이 책에는 사실에 입각한 배경지식뿐 아니라 뉴질랜드인의 관습과 가치관, 태도 등을 둘러싼 깊이 있는 통찰과 조언도 담겨있다. 모쪼록 이 나라와 편견 없는 이 나라 사람들을 더 깊이 이해하고 경험하는 데 도움이 되기 바란다.

기본정보

공식 명칭	뉴질랜드	영연방 회원국
수도	웰링턴	
주요 도시	오클랜드, 크라이스트처치, 해밀턴, 더니든	
면적	26만 8,838km²(남한의 약 2.7배)	
국토	뉴질랜드는 남서태평양의 호주 남동쪽에 있으며, 두 개의 본도인 남섬과 북섬이 있다. 남섬은 날씨가 험한데 비해 북섬은 더 따뜻하다. 전체적으로 산악지형이 많다.	북섬에는 활화산 세 개, 간헐천, 온천, 타우포호, 와이포우아숲 등이 있다. 남섬에는 남알프스 산맥, 캔터베리 평원, 남서해안의 협만이 있다.
기후	온화하고 강우량이 많다.	여름은 12월부터 2월까지, 겨울은 6월에서 8월까지다.
통화	뉴질랜드 달러	
인구	522만 8,100명(2023년 기준)	대다수 인구가 북섬에 거주한다.
인구 구성	유럽계 74%, 마오리족 15%, 아시아계 12%, 태평양제도 출신 7%, 기타 1%(2013년 인구조사 기준)	'기타' 구성에는 중동계, 아프리카계, 라틴아메리카계가 포함된다.
언어	영어와 마오리어. 15만 7,110명이 마오리어를 쓰고 있으며, 많은 사람들이 마오리어를 보존하고자 애쓰고 있다. 뉴질랜드 국민은 법원에서 마오리어를 사용할 수 있도록 요청할 수 있다. 사모아어는 마오리어 다음으로 많이 쓰이는 언어로 약 8만 명이 사용하고 있다.	
종교	인구의 50% 이상이 기독교를 믿는다. 영국 국교회 신자가 15%, 가톨릭교 신자가 12%, 장로교회 신자가 11%다.	마오리족의 토착종교에는 두 가지가 있다. 이슬람교도, 힌두교도, 불교도를 모두 합치면 약 5만 명이다. 1800년대부터 유대인들이 활동하고 있다.

정부	입헌군주제가 가미된 의회 민주주의	국가원수인 여왕 엘리자베스 2세의 역할은 총독이 대리한다. 정부 소재지는 웰링턴이다.
현지 매체	시청료가 무료인 텔레비전 채널이 세 개 있으며, 스카이 디지털은 가입자만 시청할 수 있다. 지역 텔레비전 방송국과 마오리족 텔레비전 방송국이 여럿 있으며, 200개 이상의 라디오 방송국이 있다.	23개의 일간지와 50개 넘는 지역 잡지가 있다.
전압(주파수)	230V, 50Hz	호주와 마찬가지로 2구나 3구 플러그가 쓰인다. 외국 가전제품을 쓸 때는 어댑터가 필요할 수 있다.
텔레비전/비디오	PAL B/G 시스템	
인터넷 도메인	.nz	
전화	국가 번호는 64번이다.	외국으로 전화를 걸 때는 00을 눌러야 한다.
시간대	한국보다 4시간 빠름	9월 하순부터 이듬해 4월 초순까지는 일광시간절약제가 시행

영토와 국민

뉴질랜드는 두 개의 본도인 북섬과 남섬 외에 해안에서 50km 이내의 거리에 있는 700개 이상의 연안 섬을 거느린 군도로 볼 수 있다. 뉴질랜드는 다양한 풍경을 자랑하는데 북섬에서는 양이 흩어져 있는 푸르고 부드럽게 굽이치는 언덕을, 남섬에서는 눈과 바위로 뒤덮인 산을 볼 수 있다.

지리적 정보

뉴질랜드는 호주 남동부 해안에서 약 1,600km 떨어진 곳에 위치해 있으며, 두 나라 사이에는 태즈먼해가 있다. 국토 면적은 영국보다 약간 넓은 26만 8,838km²이지만, 인구는 520만 명을 살짝 넘는 수준이다. 참고로 영국의 인구는 6,733만 명(2021년 기준)이다. 뉴질랜드의 1km²당 인구는 16명이지만, 영국은 260명이 넘는다(2013년 기준).

뉴질랜드는 본도인 북섬과 남섬 외에 해안에서 50km 이내의 거리에 있는 700개 이상의 연안 섬을 거느린 군도로 볼 수 있다. 남위 34도에서 47도 사이에 위치한 북섬과 남섬은 남북 방향으로 길쭉한 모양이다. 폭이 좁은 편이기 때문에 북섬과 남섬의 어느 지점에서건 바다까지의 최대 거리가 130km를 넘지 않는다. 총 1만 5,000~1만 8,000km에 이르는 해안선은 광대한 태평양에 둘러싸여 있다. 남섬의 정남 방향에는 스튜어트섬, 즉 라키우라가 있다. 이 섬의 면적은 약 1,680km²이다. 뉴질랜드 해안에서 동쪽으로 약 850km 떨어진 곳에는 채텀제도가 있다. 국제날짜변경선에서 약간 서쪽에 위치한 채텀제도는 해돋이와 새해를 처음 맞이할 수 있는 곳이다.

뉴질랜드의 풍경은 다양하다. 북섬에서는 양이 흩어져 있는 푸르고 부드럽게 굽이치는 언덕을, 남섬에서는 눈과 바위로 뒤덮인 산을 볼 수 있다. 남섬과 북섬의 거리는 20km에 불과하지만, 영국 식민지 시절 외국인들은 북섬과 남섬을 서로 다른 나라로 여겼다. 겨울이 없는 최대 해발고도 1,700m에 이르는 최북단의 구릉지대에는 숲이 많지만, 상당 부분이 농경지로 이용되고 있다.

타우포호를 둘러싼 북섬의 중심 지역에는 100만 년 넘게 활동해온 화산이 많다. 동쪽으로 조금 가면 뉴질랜드 최고의 관광명소 중 하나이자 진흙 웅덩이와 간헐천으로 유명한 도시 로토루아가 나온다.

남섬은 북섬보다 면적이 넓고 날씨가 더 쌀쌀하다. 남섬에는 남알프스 산맥이 세로 방향으로 뻗어 있다. 남알프스 산맥에서 가장 높은 곳은 3,753m의 쿡산 정상이다. 서쪽에는 푸르른 강우림이 버티고 있으며, 여러 강이 흐르는 동쪽에는 끝없이 펼쳐진 듯한 캔터베리 평원의 광대한 농경지가 자리 잡고 있다. 남쪽에는 얼어붙은 청록색의 호수가 여럿 있다. 호수의 그림 같은 빛깔은 얼음과 물의 끊임없는 마찰에 따른 자연현상이다. 얼음과 물이 부딪히는 과정에서 돌조각은 돌가루로 변하고, 고운 돌가루가 물에 떠다니면서 빛을 반사한다. 북섬이나 남섬과는 다른 매력을 뽐내는 스튜어트섬은 부드럽게 굽이치는 구릉지대 특유의 울창한 식생으로 뒤덮여 있다.

뉴질랜드 해안은 대부분 암석 해안이지만 만과 항구도 많다. 뉴질랜드인들과 관광객들은 만과 항구 주변에서, 특히 여러 개의 섬이 방파제 역할을 하는 아일랜즈만 근처의 비교적 안전한 동쪽 바다에서 요트를 즐긴다.

【 화산과 지진 】

뉴질랜드는 '흔들리는 섬들'로 불러도 무방하다. 해마다 수천 번의 지진이 발생하지만, 그중 200번 정도만 느낄 수 있다. 화

산활동은 대체로 북쪽에서 일어나지만, 오래된 분화구들은 뉴질랜드 전역뿐 아니라 남섬에서 약 1,000km나 떨어진 아남극 지역의 섬들에도 분포되어 있다.

뉴질랜드는 한때 거대한 곤드와나 대륙의 일부분이었고, 대략 8000만 년 전에 호주와 분리되었다. 현재 뉴질랜드는 '불의 고리'로 알려진 태평양 지각판의 가장자리에 위치해 있다. 뉴질랜드에서는 화산활동으로 인한 산맥의 융기와 침강이 있었고, 호수가 형성되었으며 산사태가 일어났다. 일례로 남알프스 산맥은 단층지대의 거대한 지각판 두 개가 서로 미끄러지듯 스치면서 위로 솟았다.

지난 160만 년 동안 발생한 화산활동의 중심지는 타우포 화산지대다. 화이트섬부터 루아페후산까지 뻗어있는 타우포 화산지대는 세계적으로 화산활동이 무척 활발한 곳이다. 이 지대에는 자주 분화하는 세 개의 화구구(루아페후산, 통가리로산과 나우루호에산, 화이트섬)와 세계에서 가장 독특한 두 개의 칼데라

호인 오카타이나호와 타우포호가 있다.

루아페후산은 1969년부터 주기적으로 폭발했는데, 1996년에는 화산이 폭발하면서 700만 톤 이상의 화산재가 뿜어져 나왔다. 당시 화산재는 인공위성에서도 볼 수 있었는데, 시야를 가리는 바람에 항공교통이 마비될 정도였다.

북섬 동쪽 해안의 플렌티만에서 50km 떨어진 곳에 있는 화이트섬의 화산은 아직 활동 중이며 경계수준이 1급이다. 경계수준 1급은 거기서 항상 연기가 피어오르고 있다는 말이다. 화이트섬의 해안에서는 화산 꼭대기에서 피어나는 흰 연기를 볼 수 있다. 이 섬의 외국인 관광객들은 안전모와 마스크를 착용한 채 유황연기를 구경할 수 있다.

지진해일은 2004년 12월 26일 동남아시아에서 비극적인 재앙이 일어난 뒤 세계적으로 익숙해진 단어지만, 이 지역에서는 그 전부터 익숙한 단어였다. 그래도 비교적 잦은 화산활동 때문에 지진해일에 대한 불쾌한 공포심이 커지는 것은 어쩔 수 없다. 뉴질랜드에는 몇백 년마다 한 번씩 큰 지진이 발생한다. 15세기에는 10m 넘는 높이의 지진해일이 해안가의 마오리족 촌락을 휩쓸었을 것으로 짐작된다. 그리고 2010년 9월 규모 7.1의 강력한 지진이 캔터베리 지역을 강타했다. 6개월 후

여진이 발생해 185명이 사망하는 등 남섬 최대의 도시인 크라이스트처치가 심각한 피해를 입었다.

기후

'지겨운 진흙과 비'는 뉴질랜드 기후를 요약한 표현으로 전혀 틀린 말이 아니다. 오클랜드의 강우량은 런던의 두 배로 추정되며 일조량도 두 배다. 북반구와 기후가 정반대이므로 뉴질랜드의 여름은 북반구 사람들이 겨울을 피해 방문하기 좋은 계절이다. 2월은 대체로 따뜻한 날씨로 보내기에 가장 적절한 시기로 볼 수 있다.

뉴질랜드는 남극대륙과 열대지방의 중간쯤인 험악한 남위 40도대(폭풍우가 몰아치는 바다와 거친 바람을 상징하는 지대)에 속해 있다. 서해안은 동해안보다 날씨가 훨씬 더 나쁘기 때문에 인구밀도가 상대적으로 낮다. 뉴질랜드의 기후는 공식적으로 시원하면서 따뜻하지만, 이 표현에는 시원함과 따뜻함의 교차점이 빠져 있다. 뉴질랜드는 날씨의 변화가 심하기 때문에 단순히 날씨를 예측하기 어려운 차원을 뛰어넘는다. 오클랜드 주민들은 흔히 이렇게 말한다. "지금 날씨가 마음에 들지 않으면 10분만 기다리세요." 기온은 영상 30도를 좀처럼 넘지 않고, 내륙의 고지대에서만 그리고 세찬 바람과 눈보라가 휘몰아치는 겨울철의 남쪽 지역에서만 영하로 떨어진다. 오클랜드의 여름 평균기온은 영상 21도와 24도 사이이고, 퀸스타운과 크라이스트처치는 그보다 2도나 3도 정도 낮다. 북쪽지방의 겨울 평균기온은 영상 14도쯤인 반면 퀸스타운은 영상 8도 이하로 내려간다.

뉴질랜드는 사계절을 느낄 수 있다. 봄은 9월부터 11월까지이며, 여름은 12월부터 2월까지다. 남쪽지방의 여름은 더 시원하고, 북쪽지방의 겨울은 더 따뜻하다. 날씨와 어울리지 않지만 뉴질랜드의 성탄절은 여름에 속한다. 가을은 3월부터 5월까지지만, 최북단의 가을은 더 길다. 6월에서 8월까지인 겨울에는 북쪽지방과 남쪽지방에 각각 비와 눈이 내린다. 하지만 뉴질랜드에서는 하루에 사계절을 모두 경험할 수도 있다.

햇빛보다 비를 더 많이 볼 수 있는 뉴질랜드의 연강수량은 다양하다. 노스랜드는 약 300mm이고, 밀퍼드사운드 주변의 남서해안은 6,000mm 이상이다. 연강수량이 600~1,500mm인 지역이 보통이지만, 2,500mm 정도 되는 지역도 있다. 남섬 서

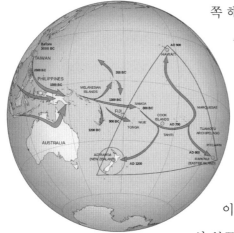

쪽 해안의 크롭강에서는 연강 수량 1만 8,000mm 이상을 기록한 적이 있을 정도로 다양한 강수량을 보이고 있다.

뉴질랜드의 대부분 지역은 연간 일조량이 2,000시간 이상이고, 남섬 북쪽의 넬슨과 블레넘 주변, 북섬 동쪽의 화카타네와 플렌티만, 네이피어는 특히 일조량이 많다. 이들 지역의 연간 일조량은 2,350시간 이상이고, 비가 많이 내리는 서해안 지역도 연간 일조량이 약 1,800시간이다. 그러나 호주와 뉴질랜드 상공의 오존층 파괴가 심각하기 때문에 일광욕을 즐길 때는 조심해야 한다. 오클랜드는 세계에서 흑색종 발병률이 가장 높은 도시로, 일기예보에는 늘 안전한 일광노출시간과 화상 요인이 언급된다. 초등학생들의 경우 야외에서 놀 때 반드시 모자를 착용해야 한다.

섬사람들의 나라

뉴질랜드는 다문화 국가다. 인구의 74%가 유럽계이고(대부분 영국계), 15%는 마오리족이며, 7%는 태평양제도 출신 사람들이다. 반면 호주의 경우 원주민은 전체 인구의 1.8%에 불과하다. 뉴질랜드는 섬사람들의 나라로 부를 만하다. 태평양제도 사람들 가운데 사모아 출신이 가장 많고, 쿡제도와 통가 출신이 그 뒤를 잇는다. 오늘날의 섬사람들 중 다수는 뉴질랜드에서 태어났다. 현재 쿡제도 출신 사람들과 니우에인들이나 토켈라우인들은 고향 섬보다 뉴질랜드 본토에 훨씬 더 많이 살고 있다. 이들은 평균 연령이 낮고 대부분 오클랜드 지역에 거주한다.

현재 뉴질랜드인의 일곱 명 중 한 명은 마오리족이다. 마오리족 인구는 1991년에 비해 21% 늘어났는데, 이는 유럽계나 아시아계보다 출생률이 높았기 때문이다. 그러나 이제 순수 혈통의 마오리족은 거의 남아있지 않다. 혈구 수치는 더 이상 마오리족의 판별 기준이 아니며 '마오리족'이라는 용어는 마오리라는 종족에 속하는 사람이나 그런 사람들의 후손을 가리킨다. 마오리는 마오리어로 '정상'이나 '보통'을 뜻하는 단어였는데, 유럽인들은 마오리족과 나머지 폴리네시아 부족들을 구분하기 위해 이 단어를 썼다. 마오리족은 스스로를 탕가타 훼누아('땅의 주인들'이라는 뜻)로 불렀다. 뉴질랜드의 전체 인구 가운데 아시아계가 약 12%를 차지하며, 아시아계 중에서도 중국계가 가장 많고 인도계가 그 뒤를 잇는다. 뉴질랜드의 인구 구성은 초창기의 영국인과 마오리족 혈통 중심에서 크게 바뀌었다. 아직 그 흔적이 남아있지만 유럽계의 색채가 점점 옅어지고 있다. 15세 미만의 아동 중에서 약 20%는 두 개 이상의 인종집단에 속하고, 그 20%의 절반이 유럽인과 마오리족으로 이루어진 부부의 자녀. 인구 구성의 또 다른 변화는 마오리족이 상대적으로 젊다는 사실이다(마오리족의 경우 65세 이상이 3%에 불과한 반면 뉴질랜드 전체로 볼 때 65세 이상의 사람들은 12%다).

뉴질랜드에 살고 있는 다양한 민족은 서로 잘 지내는 편이다. 하지만 마오리족과 태평양제도 출신 사람들은 나머지 인종집단, 특히 유럽인들만큼의 생활수준을 누리지 못한다. 이 점은 상대적으로 부실한 건강상태, 짧은 기대수명, 낮은 교육수준 같은 조건과 맞물리면서 더 낮은 소득수준과 더 높은 실업률로 이어진다. 웰링턴 빅토리아 대학교의 최근 연구에 의하면 지난 노동당 정부가 이 문제를 해결하기 위해 내놓은 몇 가지 개선책에도 불구하고 지난 10년 동안 마오리족과 태평양제도 출신 사람들의 불평등 문제는 더욱 악화되었다. 사실 여러 가지 불평등 문제는 1900년대 중반까지 주로 농촌에 거주했던 마오리족이 특히 제2차 세계대전 이후 도시로 이주하면서 생겨났다. 1951년부터 1971년 사이 마오리족의 전체 인구 중 도시에 거주하는 사람들의 비율이 20%에서 58%로 늘어났고, 2001년에는 도시에서 생활하는 마오리족의 비율이 마오리족을 제외한 나머지 뉴질랜드인의 경우와 비슷했다. 전혀 다른 두 개의 문화에 속한 사람들이 아주 가까운 거리에서 생활함에 따라 계속적으로 문제가 생길 수 있다는 점을 인식한 정부는 1971년 인종관계 중재관(현재는 인권위원회 소속)이라는 직책을 만들었다.

최근 몇 년 동안 마오리족의 정체성이 되살아나면서 다수의 마오리족이 토지상실과 경제적 곤궁 같은 문제에 대해 목소리를 높이고, 더불어 1840년에 맺은 와이탕이 조약이 지켜지지 않았다고 생각하고 있다. 와이탕이 조약은 영국의 대표자들과 북섬의 여러 마오리족 추장들이 서명한 조약이다. 그 조약에 따라 마오리족은 영국에 주권을 양도하는 대신 영국 국민으로서의 권리와 특권을, 그리고 토지소유권을 인정받았다. 1975년 마오리족의 토지청구권을 심사하기 위한 특별

재판소가 설치되었다. 현재 800건 이상이 심의 중이지만, 이전 정부가 두 건을 해결하기까지 2년 반이나 걸렸다. 여기에는 1840년 체결된 조약의 영어본과 마오리본에 대한 해석상의 차이가 한 가지 원인으로 작용했다. 상근 법률가로 구성된 팀이 필요한 심의 과정을 진행함에 있어 그 규모가 커지자 여러 국회의원들은 청구권 제기 마감기한을 요구하기에 이르렀다.

이민자들이 늘어나면서 마오리족의 문화가 되살아났고, 그 결과 뉴질랜드가 다문화 사회라는 인식이 강화되었다. 사실 뉴질랜드는 민족적 다양성의 측면뿐 아니라 그런 다양성이 전체 국민의 생활양식에 기여한 측면에서도 다문화 사회다(민족적 다양성은 유럽인에 의한 문화적, 경제적 족쇄를 떨쳐버리는 효과가 있었던 것 같다). 아시아계 뉴질랜드인들은 3분의 2가 오클랜드 지역에 거주한다. 그들에게도 고민거리가 있다. 그들은 반이민 감정의 표적이 될 때가 많다. 그러나 새로운 활력의 중요성을 인식하는 뉴질랜드인들은 대체로 다양한 인종집단을 열린 자세로 바라본다. 2006년과 2013년의 인구조사를 바탕으로 여러 인종집단의 인구증가율을 비교해보면 아시아계 인구가 마오리족 인구를 뛰어넘을 것으로 보인다.

역사적 개관

【초창기】

뉴질랜드는 인류 역사가 얼마 되지 않은 땅이다. 인간의 정착을 허락한 마지막 육지였기 때문에 세계에서 인류 역사가 가장 짧고, 정확한 정착 시점에 대해서도 아직 추측만 할 뿐이다. 마오리족은 최초로 뉴질랜드 땅을 밟은 부족이다. 그들은 13세기에 동폴리네시아에서 뉴질랜드로 건너왔다. 당시 뉴질랜드를 처음으로 발견한 사람은 마오리족 탐험가 쿠페였다고 한다. 하지만 같은 시기, 혹은 그보다 이른 시기에 평화를 사랑하는 모리오리족이 폴리네시아에서 뉴질랜드로 건너왔을 수도 있다. 모리오리족은 그 뿌리가 불분명하다. 다만 모리오리족과 마오리족은 비슷한 조상의 후손으로 추정된다. 모리오리족은 남섬을 떠나 채텀제도를 본거지로 삼았다. 18세기 채텀제도에는 2,000명 이상의 모리오리족이 살았지만, 질병과 마오리족의 공격으로 그 수가 급격히 감소한 것으로 보인다. 오늘날 이 온순한 부족의 후손은 한 명도 남아있지 않다. 순수 혈통의 마지막 모리오리족은 1933년 사망했다.

오늘날 마오리족은 조상들이 하와이키섬에서 카누를 타고

왔다고 생각한다. 하와이키섬은 지금의 소시에테제도에 속한 타히티섬으로 추정된다. 뉴질랜드 역사의 상당 부분이 선사시대부터 시작되기 때문에 신화나 전설이 사실과 뒤엉켜 있고, 그 결과 전자와 후자를 분리하거나 역사가 전설을 대체하는 시점을 파악하기 어려울 때가 많다. 마오리족 전설에 따르면 북섬은 반인반신인 마우이가 바다에서 건져낸 것이다. 그래서 북섬을 지칭하는 마오리어는 테 이카 아 마우이(마우이의 물고기)다. 신들이 노할까봐 걱정한 마우이는 화해를 청했고, 마우이의 형들은 그 새로운 땅의 소유권을 다퉜다. 형들의 말싸움은 난투극으로 바뀌었고, 마우이가 건져낸 북섬을 형들이 마구 때리는 바람에 산과 계곡이 생겼다. 남섬은 테 와카 아 마우이(마우이의 카누)로, 스튜어트섬은 테 풍아 아 마우이(마우이의 닻)로 불린다.

【 최초의 유럽인들 】

뉴질랜드는 1642년 네덜란드의 항해가 아벌 얀손 타스만이 처음 발견하면서 유럽에 알려졌다. 타스만은 태즈메이니아섬의 발견자이기도 하다. 그는 '미지의 남방대륙'이 실제로 존재하는지 확인하기 위해 대규모 남쪽 탐험에 나섰다. 뉴질랜드라는 이름은 네덜란드의 어느 지도제작자가 지었다. 당시 네덜란드인들은 호주를 뉴홀랜드로 불렀고, '질랜드'는 네덜란드의 한 지방 이름으로, 뉴질랜드는 '새로운 질랜드'라는 뜻이다.

이 남방대륙은 몇 세기 동안 탐험가들의 시선을 교묘히 따돌렸고, 덕분에 풍요로운 땅이라는 명성을 얻었다. 타스만이 둘러보면서 지도로 남긴 것은 남섬의 서쪽 해안이었지만, 마오리족과 유럽인이 앞바다에서 처음 마주쳤다가 네덜란드인 네 명이 사망했기 때문에 뉴질랜드는 1769년 제임스 쿡이 도착할 때까지 100년 넘게 미개한 원주민의 땅으로 남았다. 쿡은 북섬과 남섬 모두를 둘러보면서 뉴질랜드의 지도를 만들었다. 1773년에 귀국한 쿡은 다시 항해를 떠났다가 1777년이 되어서야 돌아왔다. 항해일지에서 그는 뉴질랜드를 이주자들이 편안하게 정착할 수 있는 약속의 땅으로 묘사했다. 하지만 초창기의 유럽인 무역업자들은 정착보다 돈벌이에 관심이 더 많았다. 그들은 고래잡이, 물개사냥, 목재와 아마 같은 천연자원을 통해 벌어들일 수 있는 수익을 포기하지

않았다. 1700년대 후반 미국인 선장 에버 벙커가 노스랜드 지역의 다우틀리스만에 도착할 때까지 뉴질랜드의 해안에는 대체로 영국과 호주의 포경선이 몰려들었다. 1847년 당시 세계적으로 900여 척의 포경선이 있었는데, 그중 700여 척 이상이 미국 국적이었다. 호주 항구에 대한 미국 선박의 입항 금지령이 해제되면서 뉴질랜드에 대한 관심이 높아졌다. 식량 조달 비용이 적게 들었고 관세와 규제가 전혀 없었기 때문이다. 미국 최초의 백만장자는 석유업계 거물들이 아니라 포경선 선주들이었다. 러셀, 즉 코로라레카는 포경업자들의 본거지가 되었고, 만약 다윈이 남긴 기록을 믿을 수 있다면 그곳은 술에 취해 흥청대는 포경업자들의 안식처가 아니라 쓰레기장이었다.

당시 러셀은 '태평양 범죄자 소굴'로 알려질 정도로 분위기가 험악했기 때문에 선교사들의 목적지가 되었다. 러셀은 불만을 품은 호네 헤케가 영국 정부의 상징인 깃대를 네 차례 쓰러트린 곳이기도 하다. 호네 헤케는 와이탕이 조약에 맨 처음 서명한 마오리족 추장이었지만 훗날 반란을 일으켰다.

【 전쟁 … 】

원래 뉴질랜드는 영국 식민지인 뉴사우스웨일스에 속해 있었다. 총독은 영국의 법과 질서를 유지하는 대리인이었지만, 사실상 현장 책임자였다. 한편 가톨릭교 선교단의 수장인 퐁팔리에 주교를 지원한 프랑스도 뉴질랜드에 관심이 있었다. 프랑스는 남섬의 아카로아에 정착지를 건설하려 했지만, 프랑스인들이 도착할 무렵 뉴질랜드는 이미 영국이 장악하고 있었다. 전해 내려오는 이야기에 따르면 두 열강은 아카로아에 먼저 도착하려 경쟁했다고 한다. 이후 스탠리 함장이 지휘하는 영국 군함 브리토마트호가 영국 주권을 확립하기 위해 아일랜즈만을 떠나 아카로아로 향하자 프랑스는 꼬리를 내렸다. 하지만 오늘날까지 아카로아에는 프랑스의 색채가 남아있다.

　뉴질랜드의 가장 유명한 총독은 조지 그레이다. 그는 와이

탕이 조약에 포함된 평등정신을 유지하기 위해 최선을 다했다. 하지만 마오리족과 파케하(백인을 의미하는 마오리어)의 관계가 악화되면서 마오리족의 불만이 커졌다. 백인들의 안중에는 마오리족의 권리 따위는 없었다. 1846년 영국 정부가 뉴질랜드의 헌법을 제정했지만, 그레이 총독은 헌법을 시행하기에는 뉴질랜드 정국이 너무 불안정하다고 판단했다. 많은 정착민들이 그를 '위대한 독재자'로 불렀지만, 그레이 총독은 백인 남성에게 참정권을 부여한 1852년 헌법의 주요 입안자였다. 1854년 정착민들은 독자적인 의회를 보유하게 되었고, 2년 뒤에는 더 폭넓은 자치권을 확보했다. 오클랜드에는 국회가, 각 지방에는 개별 의회가 구성되었다. 뉴질랜드는 이제 원주민 정책을 제외한 모든 국내 문제를 자주적으로 관장하게 되었다. 그러나 마오리족과 영국인의 관계가 계속 악화되었다. 주요 원인은 토지를 둘러싼 다툼이었고, 그 문제는 1860년에 결국 전면전으로 비화되었다.

마오리족은 그 전쟁을 테 리리 파케하('백인의 분노' 또는 '백인들의 싸움')로 불렀고, 영국인들은 마오리 전쟁으로 불렀다. 이 전쟁은 1872년까지 계속되었다.

【 … 그리고 평화 】

1800년대 후반 사태는 진정되었다. 1870년대에는 자녀를 동반한 가정을 비롯해 10만 명 이상이 이주해왔다. 이민자 대부분은 영국 출신이었다. 키위Kiwi, 즉 뉴질랜드인들은 죄수의 후손이 아니며 뉴질랜드가 호주와 달리 영국의 유형 식민지가 아니라는 사실을 자랑스럽게 여긴다. 뉴질랜드는 목양업을 겸비

한 소농경제를 발전시켰고 점차 자립적 토대를 갖췄다. 1880
년대에는 세계적 불황의 여파로 주요 수출품인 양모가격이 하
락했다. 금이 발견된 남섬은 흥청거렸지만 여전히 경제문제는
해결되지 않았다. 그 즈음 여러 정당이 등장했고, 약 20년 동
안(1891~1912년) 자유당이 집권하면서 생활수준 향상을 목표로
한 법률이 잇달아 통과되었다. 정부는 대규모 토지를 사들여
농가의 경작을 도왔다. 공장의 노동환경이 개선되었고 노동조
합이 장려되었다. 또한 사회보장제도가 실시되었고 여성의 삶
도 향상되었다. 1893년 뉴질랜드는 세계 최초로 여성에게 참
정권을 부여했다.

　20세기로 넘어갈 무렵, 뉴질랜드는 여러 측면에서 훨씬 더
안정되었다. 전국적으로 철도망이 구축되었고, 전보와 전화 그
리고 저렴하고 신속한 우편제도가 도입되었다. 노동자들은 더
체계적으로 조직되었고, 의사, 교사, 회계사 같은 전문직업인들
도 고용주들과 노동조합, 농부들처럼 협회를 결성했다. 1892년
에는 뉴질랜드 럭비협회가 창설되면서 스포츠 분야도 조직화
되었다. 국민의식이 강화되기 시작한 뉴질랜드인들은 1901년
결성된 호주 연방에 가입하지 않기로 결정했다. 1907년 뉴질
랜드는 대영제국의 자치령이 되었다.

그래도 영국과의 유대감은 여전했다. 실제로 보어전쟁이 일어난 1899년 뉴질랜드는 영국을 위해 식민지 최초로 남아프리카 지역에 군대를 파견했다. 그리고 제1차 세계대전 때도 재빨리 영국 편에 섰다. 이는 뉴질랜드가 처음으로 국제문제에 대규모로 개입한 사례였고, 단지 해외에 거주하는 영국인 이상의 독자적 국민이 출현한 사건이었다. 수천 명의 뉴질랜드인들이 여러 전선에서 목숨을 잃었고, 1915년 호주 뉴질랜드 연합 군단이 감행한 갈리폴리 상륙작전의 비참한 결과는 뉴질랜드의 국민의식을 무르익게 하는 계기가 되었다.

1886년 당시 뉴질랜드의 유럽계 인구 57만 8,500명의 절반 이상이 뉴질랜드에서 태어난 사람들이었다. 그리고 뉴질랜드인들은 흔히 출신 지역을 정체성의 근거로 삼았다. 대대적인 정착의 시기에 지역적 차이가 뚜렷해졌고, 지역 간 경쟁관계는 뉴질랜드 사회의 건전한 특색으로 자리 잡았다. 뉴질랜드의 지역 간 사회적 차이는 사실 정착 방식의 차이 때문이었다. 크라이스트처치와 더니든, 오클랜드는 각각 상대적으로 잉글랜드와 스코틀랜드, 호주의 색채가 짙었다(하지만 오늘날 오클랜드는 미국적 색채가 강한 도시로 볼 수 있다). 웰링턴, 넬슨, 캔터베리, 오타고 같

· 갈리폴리 ·

갈리폴리 전역은 제1차 세계대전의 대참사 가운데 하나로 꼽힌다. 윈스턴 처칠이 생각해낸 연합군 전략은, 다르다넬스 해협을 관통해 러시아와 연계함으로써 새로운 전선을 형성해 전쟁을 일찍 끝내려는 것이었다. 터키는 독일과 동맹관계를 맺고 있었고, 강력한 방어력이 구축된 갈리폴리 반도는 지중해와 흑해를 연결하는 다르다넬스 해협의 요충지였다. 해상 포격으로 터키군 포대를 파괴하지 못하자 연합군은 전면적인 상륙작전을 감행하기로 결정했다. 1915년 4월 25일, 호주 뉴질랜드 연합군단, 영국군 29사단, 프랑스 식민군 등으로 구성된 연합군이 갈리폴리 반도에 상륙했다. 갈리폴리 반도의 해안에는 가파른 절벽이 버티고 있었다. 마땅한 상륙지점이 거의 없었고, 터키군의 우월한 화력과 연합군의 부실한 지휘력이 맞물리면서 대참사가 빚어졌다. 연합군은 퇴각할 수밖에 없었다. 뉴질랜드군은 2,700여 명이 전사했고 4,700여 명이 부상을 입었다. 4월 25일은 뉴질랜드와 호주의 국가 애도일이다.

은 네 개의 농촌지방과 소규모 혼합농업 중심의 오클랜드와 타라나키 같은 지방의 차이도 있었다.

그러나 북섬과 남섬의 차이가 더 중요했다. 1870년대의 금광개발 열풍으로 남섬의 인구는 1896년까지 북섬을 능가했다.

대다수의 마오리족은 온화한 북섬에 살았으며 토지를 두고 백인들과 다퉜다. 정착 과정이 목축업 중심으로 진행되고 금광개발 열풍이 불었던 남섬에서는 마오리족과 백인의 경쟁이 치열하지 않았다.

뉴질랜드의 생활수준은 다른 나라들과 뚜렷이 비교되었고, 1898년에 도입된 노령연금, 1911년 딕 세든 정부가 도입한 산부인과 병원, 그리고 미망인 연금 같은 사회복지 정책은 국제적인 주목을 받았다. 1911년 총선거에서 자유당은 '농부 빌' 매시(뉴질랜드 총리 윌리엄 퍼거슨 매시를 가리키는 호칭–옮긴이)가 이끈 신생 정당인 개혁당에 패했다. 매시는 근면함의 가치를 강조하고, 농부들의 이익을 대변하였으며, 대영제국을 존중하는 인물이었다. 1901년 그는 뉴질랜드 국기 채택을 독려했다. 이후 학교에서는 국기 게양식이 열렸고 어린이들은 애국가를 불렀다. 어린이들은 식민지 억양이 가미된 독특한 영어를 구사했고, 이는 훗날 뉴질랜드 특유의 어투로 발전했다.

제1차 세계대전이 끝나고 몇 년 동안은 호황이 이어졌지만 1920년대는 뉴질랜드인에게 고난의 시기였고, 세계적 규모의 대공황은 뉴질랜드에 심각한 피해를 입혔다. 농산물 중심의 수출품 가격이 하락했고 농민들의 시름은 깊어만 갔다(다수의 농민들은 거액의 융자금을 갚아야 하는 부담도 떠안았다). 도시 지역에서는 실업자가 늘어났고, 대중적 불만은 급기야 소요사태로 번졌다. 보수 연합 정부는 상황을 호전시키지 못했고, 미키 새비지가 이끄는 노동당이 1935년 집권했다. 노동당은 일반 가정의 생활조건 개선에 집중함으로써 이미 회복세에 있던 경제를 되살렸다. 1938년 사회보장법이 통과되면서 사회보장제도가 확대되었다. 공공주택 정책이 실시되었고, 공공사업 지출이 증가했으며 건강관리제도도 확립되었다.

제2차 세계대전이 발발하자 뉴질랜드는 다시 영국 편에 섰고, 다른 나라들과 함께 나치 독일에 맞서 싸웠다. 그러나 뉴질랜드인들은 싱가포르가 일본군에 함락되자 충격을 받았고, 영국이 더 이상 자국의 안보를 보장해줄 수 없다는 것을 깨달았다.

1931년의 웨스트민스터 헌장으로 영국과 자치령 사이의 동등한 지위가 확인되었고, 뉴질랜드는 사실상 독립성을 부여받았다. 1935년 뉴질랜드는 외교문제를 독자적으로 다룰 수 있게 되었다. 하지만 뉴질랜드의 독립은 뉴질랜드 의회가 웨스트민스터 헌장을 가결한 1947년에 가서야 공식적으로 선포되었다.

제2차 세계대전 동안 미국이 일본에 맞서 호주와 뉴질랜드를 지켜줬다. 뉴질랜드인들은 미국에 마음의 빚이 있었고 1950년대 공산국가와 싸우는 미국을 지원하기 위해 한국에 파병했다. 하지만 미국을 돕기 위해 베트남 전쟁에 파병했을 때는 처음으로 반대 여론이 높았다. 베트남에서의 충돌이 대규모 핵전쟁으로 비화될 것이라는 우려가 있었고, 베트남인들이 자국의 정부 형태를 스스로 결정해야 한다는 의견도 있었다. 그렇게 형성된 반핵 여론은 이후 뉴질랜드가 미국이나 프랑스와 대립하는 계기가 되었다. 프랑스는 태평양에서 핵실험을 강행하려 했고, 급기야 프랑스 비밀정보기관은 그린피스의 무지개 전사호를 대상으로 작전을 펼쳤다. 무지개 전사호는 1985년 7월 10일 오클랜드의 항구에 정박해 있다가 폭발해 침몰했다.

[전쟁 이후]

뉴질랜드의 1950년대는 점진적 번영의 시기였다. 보수적인 국민당이 집권하면서 경제가 안정되었고, 철강업 같은 여러 산업이 성장하면서 산업화 수준 또한 높아졌다. 마오리족은 도시로 더 많이 이주했고, 일하러 나가는 여성들이 늘어나면서 여성 해방 운동이 활발해졌다. 법적 변화를 통해 성별, 인종, 혈통, 결혼 유무, 종교를 막론하고 취업, 주거, 교육 같은 분야에서의 동등한 기회가 보장되었다. 영국과 유럽 출신뿐 아니라 태평양제도 출신의 노동자 집단도 형성되었다. 1970년대의 석유 위기와 1980년대의 세계적 불황은 뉴질랜드에도 영향을 미쳤지만, 뉴질랜드의 현대사에서 가장 중요한 사건은 아마 1973년 영국의 유럽경제공동체 가입일 것이다. 그 사건은 뉴질랜드에 경제적 영향뿐 아니라 막대한 심리적 영향을 미치기도 했다. 마침내 족쇄가 풀렸다. 1986년 개정 헌법에 따라 영국의 입법권이 소멸되었고, 뉴질랜드는 공식적으로 완전한 자치국가가 되었다. 하지만 뉴질랜드는 영국연방의 핵심 회원국으로 남아있다.

1984년 노동당이 다시 정권을 잡았지만, 1990년에는 국민당이 집권에 성공했다. 국민당은 뉴질랜드 경제를 혁신한 노동당의 자유시장 정책을 대체로 계승했다. 1999년까지 집권한 국민당 정부는 노동조합의 힘을 약화시키고 노동시장을 개방했다. 1993년 기존의 비례대표제가 독일식 비례대표제로 바뀌었다. 이제 노동당과 국민당은 군소정당을 의식하고 군소정당과의 연정을 시도해야 했다.

【현대】

오늘날 뉴질랜드는 다른 나라와 더 긴밀하게 연결되었고, 과거와 달리 영국이 아니라 미국의 영향을 더 많이 받고 있을 것이다. 그로 인한 정치적, 경제적, 사회적 변화, 특히 인구 구성 측면의 변화에서 알 수 있듯이 뉴질랜드는 더 이상 영국의 전초기지가 아니라 다문화적 태평양 국가다. 그러나 비교적 공화주의 정서가 강한 호주와 달리 뉴질랜드는 군주제를 포기하려는 적극적인 의지가 엿보이지 않는다. 1994년 짐 볼저 총리는 공화제로의 전환을 추진했다. 그는 아시아 태평양 지역에 대한 관심과 연대를 주장했다. 하지만 2010년 영국의 윌리엄 왕세손이 방문하기 전 실시된 여론조사 결과 응답자의 29.4%만이 공화제를 선호했다.

뉴질랜드는 여전히 핵무기의 실험과 사용에 반대하고, 세계 곳곳에서 국제연합의 평화유지 활동에 적극적으로 참여하고 있다. 뉴질랜드 정부 차원에서 호주와 밀접한 관계를 맺고 있으며, 양국 총리와 장관들은 보건, 교육, 검역 같은 여러 쟁점에 관한 공식 연례 회담에 참석한다. 두 나라는 국제적, 지역적 차원(특히 태평양제도 포럼)에서 긴밀하게 협력하고 있으며, 현재 농업 분야의 자유무역을 추구하는 20개 농산물 수출국으

로 구성된 케언스 그룹에 속해 있다. 2004년 두 나라가 체결한 조약에 따라 태평양 남서부 지역과 태즈먼해의 해상경계선이 결정되었다.

뉴질랜드는 제2차 세계대전 이후부터 1980년대까지 호주 및 미국과 동맹관계(태평양안전보장조약ANZUS)를 맺은 바 있다. 호주와는 공식적인 조약은 아니지만 정책, 정보 및 보안, 병참, 과학기술 등 여러 분야의 협정으로 구성된 국방협력관계를 확립했다. 양국 군대는 중요한 군사 작전에서 협력하고 있다. 대표적인 사례로는 몇 해 전 동티모르, 부건빌섬, 솔로몬제도, 통가 등지에서 펼친 공동작전을 꼽을 수 있다. 양국 군대는 1999년부터 2002년까지 동티모르에서 반인도주의적 위기가 발생했을 때, 그리고 2000년 솔로몬제도에서 시민봉기와 쿠데타가 일어났을 때 공동작전을 펼쳤고, 일종의 남태평양 보안군 역할을 맡았다.

경제

다양하고 많은 이민자를 감안하면 뉴질랜드는 자원이 풍부한 나라로 볼 수 있다. 거의 빈손으로 도착한 이민자들은 먹고 살기 위해 토지에 의지할 수밖에 없었다. 뉴질랜드가 사람보다 양이 많은, 양과 낙농업자의 나라라는 인식은 전혀 틀린 말이 아니다. 하지만 그런 인식은 오늘날의 현실을 제대로 반영하지 못한다. 뉴질랜드에는 아직 양이 사람보다 많기는 하지만 양의 숫자가 점점 줄어들고 있다. 과거에는 인구 한 명당 양 20마리가 있었다면 현재는 12마리로 줄었다. 여전히 농업이 국가경제의 근간이지만, 지금은 1960년대 전체 수출액의 90%를 차지했던 전통적인 수익원 외에 관광, 포도주 생산, 영화 제작 같은 새로운 산업이 추가되었다.

뉴질랜드에서 생산된 버터의 91%와 육류(대부분 양고기)의 65%를 수입한 영국이 유럽경제공동체에 가입하자 농민들은 새로운 시장과 상품을 모

색해야 했다. 과일인 키위와 뉴질랜드 고유의 양 품종인 코리데일이 그런 신상품에 속했다. 특히 코리데일은 질 좋은 양모와 고기를 얻을 수 있는 상품이었고, 세계에서 메리노 다음으로 중요한 양 품종으로 발돋움했다. 오늘날 뉴질랜드 최대의 수출 시장은 중국이고, 호주, 미국, 일본, 한국이 그 뒤를 잇는다. 영국은 한국 다음이다.

【 로저노믹스 】

농업은 금융업이나 관광업에 자리를 빼앗긴 대신 고도의 숙련된 노동을 필요로 하는 산업으로 변모했다. 사실 1980년대 정부는 뉴질랜드를 남태평양의 금융 중심지로 만들고자 했다. 한편 관광업은 중요한 분야였지만 기대만큼 호황을 누리지 못했다. 농업의 체질 변화는 대체로 1984년 재무장관에 취임한 노동당의 로저 더글러스가 펼친 경제 정책에 기인한다고 볼 수 있다. 그는 농업을 국민적 찬사와 국가적 보호의 대상이 아니라 일반적 산업으로 바라봐야 한다고 생각했다. 그는 탈규제, 민영화, 감원 같은 정책을 펼쳤다. 보조금이 폐지되자 농민들은 마케팅에 더 많은 관심을 쏟게 되었다. 그는 관세를 인하하고 할당제를 폐지했으며, 물가, 임금, 외환, 노동시장에 대한 규제를 해제했다. 유례를 찾아보기 힘든 자유시장 정책은 주창자의 이름을 본떠 '로저노믹스'로 불렸다. 로저노믹스는 노동당이 정권을 빼앗긴 1991년 국민당의 재무장관인 루스 리처드슨이 계승할 정도로 효과가 좋았다.

로저노믹스는 확실히 뉴질랜드가 세계 여러 부국들과 어깨를 견주는 데 보탬이 되었다. 하지만 경제협력개발기구의 발표에 의하면 생활수준이 아니라 물적 산출량의 기준에서 볼 때 중간 순위에 불과하다. 그래도 뉴질랜드는 인구가 전 세계 인구의 0.1%인데 비해 전 세계 물적 산출량의 0.3%를 담당한다.

【 자원과 생산물 】

뉴질랜드에는 천연자원도 많다. 금과 은이 오타고 지역과 코로만델 반도에서 생산되고, 웨스트코스트 지역에서는 사금이 채취된다. 철광석은 북섬의 서해안에서 발견되고, 와이카토에서는 실제로 채굴된다. 와이카토에서 채굴된 철광석은 현지 제강소에서 사용되고, 와이카토보다 더 남쪽 지역에서는 수출용으로 채굴된다. 연안의 자원으로는 사철, 해저의 금과 비금속, 인산염과 기타 광물을 꼽을 수 있다. 석유와 가스는 뉴질랜드 경제에서 중요한 자원이다. 석유는 주요 수익원이며 가스는 국내에서 소비된다. 뉴질랜드는 석유탐사 및 생산과 관련한 세계적인 투자 중심지를 지향하고 있으며, 지열 에너지도 활용하고 있다. 오늘날 뉴질랜드에서 쓰이는 기본 에너지의 40%는 재생에너지원에서 생산된 것이다.

산림자원도 풍부하다. 목재, 펄프, 종이 같은 제품은 뉴질랜드 국내총생산의 3%(35억 뉴질랜드 달러)를 차지한다. 어획과 양식을 통한 해산물은 연간 생산량이 약 60만 톤에 이르고, 금액으로는 12~15억 달러에 해당한다. 해산물은 뉴질랜드의 최대 수출품 가운데 꾸준히 4~5위를 기록하고 있다. 닭새우, 참치, 홍합, 새꼬리민태 같은 생선과 수산물은 총 수출액의 4%

를 차지한다.

　식음료품과 기계설비 중심의 제조업은 뉴질랜드 국내총생산의 20%에 살짝 미치지 못한다. 산업디자인, 신기술, 연구분야의 수준 향상에 힘입어 가전제품, 가구, 버스 같은 일상제품의 질을 세계적으로 인정받게 되었다.

　뉴질랜드는 지리적 영향으로 내진 구조물과 요트 설계 분야에서 세계 일류 수준을 자랑해왔으며, 생명공학 분야에서도 주목을 받고 있다. 세계 최대 산업인 관광업에서도 두각을 드러내왔다. 요트 대회인 아메리카스컵과 뉴질랜드 현지에서 촬영된 〈반지의 제왕〉 3부작의 흥행을 효과적으로 활용한 덕택이다. 특히 마지막 편인 〈반지의 제왕: 왕의 귀환〉은 2004년 아카데미 시상식에서 11개 부문을 수상했고, 뉴질랜드 영화산업 활성화에 기여했다.

정부와 정치

뉴질랜드는 영국식 입헌군주제의 전통에 입각한 의회 민주주의 국가다. 1952년 왕위에 오른 여왕 엘리자베스 2세는 '이 영토와 다른 모든 영토의 여왕'으로 선포되었고, 그녀는 영국 여왕으로서의 지위와 별개로 뉴질랜드를 다스린다. 총리는 정부 수반이고, 반드시 국회의 신임을 얻어야 한다. 국회는 120명의 의원들이 선출하는 의장이 주재한다. 현재 뉴질랜드 국회에 상원은 없으며, 상원에 해당하는 입법원은 1950년 폐지되었다. 국회는 법률을 제안하고 의결할 뿐 아니라 정부의 재정 지출을 승인하지만, 모든 법안이 통과되려면 영국의 경우처럼 형식적이나마 여왕 또는 여왕 대리인의 동의가 필요하다.

총리와 국회의원의 임기는 3년이다. 투표자 등록은 의무지

만 투표 참여는 의무가 아니다. 정부 소재지는 1865년부터 지금까지 웰링턴이다. 1840년부터 1865년까지는 오클랜드였고, 그 전에는 아일랜즈만 지역이었다.

뉴질랜드에서 여왕의 대리인은 국가원수인 총독이다. 총독의 임무는 의회를 소집하고 휴회하고 해산하는 것이다. 2016년 임명된 데임 팻시 레디가 현직 총독이다. 총독은 명목상의 뉴질랜드군 총사령관이기도 하다. 과거 뉴질랜드 총독은 영국의 군소 귀족이 맡았지만, 수십 년 전부터 여왕이 총리의 추천을 받아 임명하는 뉴질랜드 시민이 맡고 있다. 총독의 역할은 여왕의 역할과 마찬가지로 상징적이며 형식적이다. 흥미롭게도 뉴질랜드에는 성문헌법이 없다. 의회에서 제정된 법률에 따라 통치방식이 결정되고, 법적 지위가 없는 내규를 따른다. 의회 제정법은 특정 권리를 보호하기 위한 법률이다. 예를 들어 1990년 뉴질랜드 권리장전법에는 정부를 상대하는 시민의 권리가 명기되어 있고, 1993년 인권법에는 다양한 근거에서의 차별금지 조항이 포함되어 있다.

【 선거제도 】

1993년 선거제도가 크게 바뀌었다. 최다 득표자가 당선되는 단순다수대표제 대신 독일식 선거제도를 본뜬 혼합형 비례대표제가 도입되었다. 의회의 총 120석 중에서 70석은 7개의 마오리족 선거구를 포함한 소선거구에서 일반 투표로 선출되고, 50석의 비례대표는 정당 명부에 따라 배정된다. 지역대표와 비례대표를 막론하고 국회의원의 임기는 3년이다. 따라서 유권자들은 지역구 의원 후보와 지지하는 정당에 한 표씩 투표한다. 각 정당은 국회의원 후보의 명단을 순위별로 작성한다. 정당 투표에서 표를 많이 얻은 정당은 비례대표를 더 많이 배출할 수 있다. 예를 들어 어떤 정당이 지역구에서 20명 당선되고 정당 투표에서 30%의 득표율을 기록하면, 그 정당의 의석수는 전체 120석의 30%에 해당하는 36석이 된다(지역구 20석, 비례대표 16석).

마오리족은 1867년부터 별도의 의석을 보장받고 있고, 마오리족 유권자들은 일반 선거인단 명부와 1975년부터 도입된 마오리족 선거인단 명부 중 하나에 속할 수 있다. 마오리족의 총 의석수는 마오리족 선거인단 명부에 속하기로 선택하는 투표자의 수에 따라 달라진다.

비례대표제의 변화에 따른 장점은 소수 정당이 의회에 진출할 기회가 많아졌다는 것이지만, 단점은 연립정부나 소수당 정부가 등장할 가능성과 그에 따른 문제가 생길 우려가 있다는 사실이다. 그런 장단점은 뉴질랜드인들이 자주 논의하는 주제다. 사실 뉴질랜드인들은 집권당이 문제의 해법을 찾지 않고 그저 권력을 유지하기 위해 연정 파트너의 비위를 맞추는 데 집중할 것이라고 여긴다. 18세 이상 뉴질랜드 국민과 영주권자는 투표권이 있지만, 뉴질랜드 국민만 국회의원이 될 수 있다.

【 사법제도 】

법률을 해석하고 집행하는 사법부는 법률을 제정하는 의회, 그리고 일반적 행정 업무를 담당하는 정부와 별개의 조직이다. 판사는 총독이 임명하며, 법원은 지방법원, 고등법원, 상고법원, 대법원 순으로 구분된다. 2003년에는 영국 추밀원에 대한 뉴질랜드 법원의 항소권이 폐지되었다. 법원은 영국의 유산인 배심원 제도를 바탕으로 운영되며, 판사는 피고와 원고 사이에서 중립을 지킨다. 가정법원과 청소년법원도 있다. 두 법원 모두 지방법원에 속한다. 고용법원은 고용관계법과 관련한 문제를 다루고, 환경법원은 자원관리법에 대한 사건을 심리한다. 1865년 뉴질랜드 원주민 토지법원이라는 이름으로 설립된 마오리 토지법원은 마오리족 소유의 토지에 관한 문제를 처리한다.

【 정당 】

국민당과 노동당은 뉴질랜드의 양대 정당이다. 정당이 처음 출현한 1890년대에는 자유당이 집권했다. 뉴질랜드 역사에서 자유당은 최초의 실질적인 정당으로 평가된다. 1909년에는 개혁당이, 1916년에는 노동당이 등장했다. 개혁당은 자유당의 장기 집권기(1891~1912년)에 더 보수적인 자유당원들이 이탈해 만든 정당이다. 그 시기에 노동당이 성장하자 자유당과 개혁당이 연합해 노동당에 맞서는 과정에서 국민당이 탄생했다. 그때부터 지금까지 수많은 정당이 생겼다. 오늘날 혼합형 비례대표제 덕분에 연합당과 녹색당 같은 소수 정당의 발언권이 커졌다. 현재의 집권당은 국민당이다. 존 키가 이끄는 국민당은 중도우파 정당이다. 2014년 총선거 이후 국민당은 통합미래당, 행동당, 마오리당과의 연정을 펼치고 있다. 제1야당은 앤드류 리틀이 이끄는 노동당이다. 앤드류 리틀은 뉴질랜드 최대 노동조합인 공업인쇄제조노동조합의 전임 대표였다.

정당은 등록 정당과 미등록 정당으로 구분할 수 있는데, 전자는 정당 명부를 제출할 수 있으므로 1993년 도입된 혼합형 비례대표제에 따라 득표할 수 있다. 미등록 정당은 개별 선거구에 후보를 공천할 수 있다. 앞서 언급한 정당 외에 뉴질랜드

제일당과 녹색당도 국회에 의석이 있다.

뉴질랜드의 등록 정당은 18개 정도다. 등록 정당 중에는 인터넷당, 빌과 벤 당, 대마초 합법화당 같은 아주 재미있는 이름의 정당이 있으며, 미등록 정당도 6개 정도 있다. 정당이 매우 많기 때문에 뉴질랜드 유권자들은 투표할 때마다 고민에 빠질 것 같다.

주요 도시와 흥미로운 지역

뉴질랜드의 수도와 정부 소재지는 웰링턴이다. 내각사무처는 '비하이브Beehive'로 불리는 벌집 모양의 정부청사 안에 있다. 웰링턴은 바람이 사납고 날씨가 다소 혹독하다. 그러나 문화와 예술의 도시이자 다양한 민족의 음식을 맛볼 수 있는 곳으로 유명하다. 특히 테 파파 국립박물관은 수많은 보물을 소장하고 있다. 웰링턴은 소설가 캐서린 맨스필드의 고향으로 알려져 있는데, 그녀가 성장기를 보냈던 손던지구의 식민지 시대 건물은 꼭 가볼 만한 곳이다. 손던지구에는 이주의 시대였던 1860년대와 1870년대의 매력이 아직 남아있다.

오클랜드에는 뉴질랜드 인구의 3분의 1이 살고 있다. '범선의 도시'로도 알려졌다시피 바다 분위기가 물씬 풍기는 도시다. 웨이트마타항과 하우라키만은 요트 동호인들이 여가를 보내는 곳이자, 아메리카스컵 대회가 열리는 곳이다. 도심에서 살짝 벗어난 곳에 위치한 켈리 탈튼 남극 체험 및 해저세계관은 인기 관광지다.

　　노스랜드의 아일랜즈만은 뉴질랜드 역사에서 중요한 지역이다. 아일랜즈만 지역에서 마오리족과 백인이 처음 만났고 와이

탕이 조약이 체결되었다. 술에 취해 흥청대던 포경업자들이 시간을 보냈던 그 옛날의 수도 러셀도 이 지역에 속해 있다. 우유를 배달하던 시절에 시작된 크림런 같은 아일랜즈만 주변에서 즐기는 보트 유람은 필수 관광코스다. 아일랜즈만에는 해안선을 따라 약 150개의 섬이 흩어져 있다. 이곳 아일랜즈만은 낚시를 즐기기에 좋은 곳으로 미국 작가 제인 그레이가 자주 찾는 곳이기도 하다. 와이푸아 주변의 서쪽 해안에 있는 광활한 카우리 소나무숲도 빼놓을 수 없다. 간헐천이 분출하고 진흙 웅덩이가 끓어오르며 유황 냄새 가득한 로토루아를 가보

지 않고 뉴질랜드를 방문했다고 말할 수 없다. 그곳에 가면 마치 공룡시대에 있는 것 같다.

【남섬】

피오르드랜드는 아름다운 호수와 산으로 유명한 곳이다. 남섬 제일의 휴양지인 퀸스타운에서는 겨울은 물론 여름에도 스키를 즐길 수 있다. 밀퍼드 트랙, 퀸 샬럿 트랙, 아벌 타스만 같은 도보여행 코스도 많다. 뉴질랜드에서 가장 높은 쿡산도 남섬

에 있다. 오마라마는 국제적인 글라이딩 명소다. 주요 도시 중 가장 추운 더니든이 스코틀랜드풍의 유산으로 유명하듯 뉴질랜드에서 세 번째로 큰 도시 크라이스트처치에는 잉글랜드의 색채가 남아있다. 사우스 캔터베리는 리처드 피어스의 고향이다. 그는 1902년 동력 비행체를 만들었고, 1903년 라이트 형제보다 몇 달 먼저 비행에 성공했을 것으로 추정되는 인물이다. 사우스 캔터베리는 작가 나이오 마시의 고향이기도 하다.

남섬에서 남쪽으로 약 30km 떨어진 스튜어트섬은 탐조애

호가들이 즐겨 찾는 곳이다. 스튜어트섬은 세로무늬키위(토코에카), 쇠푸른펭귄, 그리고 희귀종인 노란눈펭귄 등의 서식지이기도 하다. 이 섬의 85%는 국립공원이고, 280km 길이의 산책로 덕분에 도보 여행자들의 천국으로 통한다. 스튜어트섬은 위도상 아주 남쪽에 있기 때문에 여름인 12월과 2월 사이에 방문하는 것이 좋다.

02

가치관과
사고방식

뉴질랜드인들은 타고난 조심성에도 불구하고 대체로 친근한 사람들이다. 외국인에게 천천히 다가
가는 편이고, 외국인이 서서히 다가오기를 기대한다. 따라서 그들에게 너무 성급하고 친근하게 다가
서지 않는 편이 좋다. 그들은 격식을 따지지 않고 경칭을 좋아하지도 않는다. 이는 현실적이고 평등
주의적인 태도 때문이다.

국민적 자긍심

과거에는 출신 민족과 배경이
다양했지만, 세월이 흐르면서
뉴질랜드인들은 동질감을 느
끼게 되었다. 키위는 뉴질랜드
를 상징하는 새로, 이 낱말은
'뉴질랜드인'의 동의어가 되었

다. 뉴질랜드인들은 뉴질랜드를 '신의 나라'로 부르는데, 이 말
은 1890년대 딕 세든 총리가 쓴 표현이다.

독립국가로서의 지위를 모색하는 과정에서 뉴질랜드는
1901년 결성된 호주 연방에 가입하지 않았다. 그때 가입했더
라면 호주의 일곱 번째 주가 되었을 것이다. 1948년 독자적인
시민권법이 제정되었고, 1950년대에는 영국을 '고향'으로 부르
는 관행이 서서히 사라졌다. 1840년부터 불렀던 영국 애국가
는 지금 〈신이여, 뉴질랜드를 지켜주소서 God Defend New Zealand〉로
바뀌었다. 영어보다 마오리어로 먼저 부르는 뉴질랜드의 애국
가는 1977년 영국 애국가와 동등한 지위에 올랐다. 더불어
1977년에는 '영국 국민'이라는 표현이 뉴질랜드 여권에서 삭제

되었다.

　국가주의적 분위기가 뚜렷한 공휴일로는 건국기념일과 현충일을 꼽을 수 있다. 와이탕이 조약 체결을 축하하는 건국기념일은 2월 6일이고, 1974년 공휴일로 선포되었다. 현충일은 4월 25로 제1차 세계대전 당시 뉴질랜드군이 호주군과 함께 갈리폴리 반도에서 감행한 상륙작전을 기리는 날이다. 외국인들이 이 두 공휴일에 대해 알고 있으면 뉴질랜드인들은 깊은 감명을 받을 것이다.

　뉴질랜드는 자치령으로 승격한 1907년부터 1911년까지 영국 왕실의 문장을 사용했다. 현재 뉴질랜드를 상징하는 공식적인 꽃은 없지만, 모든 종목의 국가대표팀 유니폼과 군대 휘

장에 등장하는 은고사리가 비공식적 상징으로 자리 잡았다. 붉은색 꽃 포후투카와와 노란색 꽃 코화이는 각각 뉴질랜드의 여름과 봄을 상징한다. 뉴질랜드인을 의미하는 '키위'라는 낱말은 공인된 표현이 아니다. 키위는 날 수 없는 새를 가리키는 말이기도 하기 때문일 것이다. 제1차 세계대전 당시 뉴질랜드 병사들은 '고사리잎'이라는 별명으로 불렸다.

1869년의 영국 해군 예비함기 디자인을 참고해 만든 기가 1902년 국기로 채택되었다. 하지만 그것이 뉴질랜드의 공식적인 국기로 선포된 시점은 1981년이었다. 빨간색의 오각형 별 네 개는 남십자성(남십자성을 이루는 다섯 개의 별 가운데 사실상 보이지 않는 별 한 개는 빠졌다)을 나타내지만, 혹자는 그 네 개의 별이 영국을 구성하는 네 개 나라를 의미하는 것이라고 생각한다. 반면 호주 국기에는 흰색 별들이 느슨하게 흩어져 있다. 두 나라의 국기를 혼동하지 않도록 유의해야 한다.

그동안 뉴질랜드의 정체성을 더 적절하게 나타내는 국기를 새로 제정하자는 요구가 많았다. 1970년대부터 시작된 이 논쟁은 2016년 3월 국기 변경 2차 국민투표를 통해 종결되었다.

그간의 논의 과정은 길고도 험난했다. 국기심사단은 1만 292개의 디자인을 검토한 끝에 일단 40개 디자인으로 좁혔고, 그 40개 중에서 2015년의 1차 국민투표에 부칠 다섯 개의 최종 후보작을 선정했다. 1차 국민투표에서는 카일 락우드가 디자인한 은고사리기가 기존의 영국 해군 예비함기와 겨룰 후보작으로 뽑혔다. 1차 국민투표에서 유권자들은 다음과 같은 질문에 답해야 했다. "귀하는 다음 중 어느 디자인이 우리가 공유하는 가치관과 신념을, 그리고 우리의 현재와 미래의 정체성을 가장 잘 표현한다고 생각하십니까?" 결국 뉴질랜드인들은 기존의 국기를 유지하기로 결정했다.

그 예민한 관심은 뜨거운 애국심의 핵심을 이루는 부분이며, 뉴질랜드가 국민통합이 확실히 이뤄진 나라라는 사실의 증거이기도 하다. 아마 이 때문에 뉴질랜드인들은 간혹 지나친 반응을 보일 때가 있는 듯하다. 실제로 뉴질랜드인들은 2000년 아메리카스컵 대회에서 우승한 자국 요트 대표팀에게 오클랜드의 퀸스트리트에서 대대적인 행진 행사를 열어줬지만, 불과 1년 뒤 금전적 보상에 이끌려 스위스 요트 대표팀으로 이적한 러셀 쿠츠에게 엄청난 비난을 퍼부었다. 그는 2003년 스위스 대표팀 소속으로 아메리카스컵 대회에서 우승했지만, 애석하게도 뉴질랜드 국민에게는 배신자로 낙인찍혔다.

외국인이 뉴질랜드인을 처음 만난 자리에서 뉴질랜드를 칭찬하면 효과적일 것이다. 뉴질랜드는 자연환경이 아름답고 매력이 넘치는 나라이기 때문에 칭찬거리가 많다. 뉴질랜드인들은 세계의 일원으로 대접받고 싶어 한다. 지금까지 너무 오랫동안 변방에 머물러 있었기 때문이다. 그래서인지 뉴질랜드의 여러 도시에서는 '세계에서 가장 큰 갈색 송어의 고향', '… 초대형 생선튀김과 감자튀김 가게', '… 최고의 아이스크림' 같은 문구의 표지판을 흔히 볼 수 있다. 뉴질랜드인들은 버터와 설탕으로 만든 사탕이 들어간 호키포키 아이스크림도 자랑스럽게 여긴다. 그들은 이 아이스크림을 뉴질랜드 고유의 발명품으로 여긴다. 상점과 회사는 음식이나 스포츠, 또는 어떤 전문적인 활동을 가리킬 때 '키위'라는 접두사를 붙여 자부심을 드러내기도 한다. 그리고 'nz'가 특정 단어의 철자법과 절묘하게 결합되는 경우가 있다. 일례로 뉴질랜드인들을 가리키는 단어 뉴질랜더스New Zealanders 대신에 엔저스EnZers가 쓰이기도 한다. 회사명을 적절히 변경함으로써 애국심을 보여주는 기업(펀즈

Fernz, 뉴즈텔Newztel, 키즈 퍼스트Kidz First, 케이제드 크루즈Kay-Zed Cruises)도 많다. 심지어 스플릿 엔즈Split Enz라는 이름의 록그룹도 있다.

뉴질랜드로 이민을 오거나 이주한 사람들을 위한 소식지 「엔지 인사이더NZ Insider」에 의하면 2002년 도입된 고등학교 졸업시험인 국가공인 학력인증고사에서 응시자의 40% 정도가 잘못된 철자법과 문법 때문에 영어 논술 과목을 통과하지 못했다고 한다.

모호하고 불분명할수록 좋은 차량 번호판에서도 국가주의적 색채를 엿볼 수 있다. 뉴질랜드에서는 예를 들어 '007'이나 운전자 이름의 머리글자를 딴 번호판은 너무 단순한 것으로 취급된다. 반면 BERNZ 1은 차량 주인인 버니라는 사람이 진정한 애국자라는 의미의 번호판이다. 말썽꾸러기를 의미하는 THE01, 땅파기를 좋아하는 뉴질랜드인을 일컫는 XCAV8R('굴착기(excavator)'라는 뜻 - 옮긴이), GR8TVET('훌륭한 수의사(great vet)'라는 뜻 - 옮긴이) 같은 번호판도 있고, 심지어 차량 주인의 난폭함을 드러내는 듯한 GGRRR('으르렁'이라는 뜻 - 옮긴이) 같은 번호판도 있다. 2ND TOO처럼 기발한 번호판도 있다. 2ND TOO는 2등이라는 의미가 아니다. 2등을 좋아하는 사람은 없을 것이다. 여기서는 1등second to none이라는 뜻이다. 뉴질랜드에서는 차량 번호판을 개인적 취향에 따라 제작하는 사업이 발달해 있고, 그런 번호판은 수천 달러에 거래되기도 한다.

평등과 도의적 공정성

호주처럼 뉴질랜드도 평등한 사회를 자랑하는 나라다. 불평등은 구세계의 주제이고, 평등은 뉴질랜드의 발전에 영향을 끼친 미국과 호주에서 떠오른 새로운 주제다. 하지만 뉴질랜드인들이 미국의 역사학자 프랭크 파슨스의 표현처럼 '남태평양의 미국인들'인지 아닌지는 또 다른 문제다. 흥미롭게도 1840년대 뉴질랜드에 최초로 이주해온 사람들은 최상층이나 최하층 출신이 아니라 중하층이나 노동계급의 상층 출신이었다. 정착민들에게 토지를 팔기 위해 설립된 뉴질랜드 회사의 수석 중개인은 그들을 '걱정스런 부류들'로 불렀다. 최초의 이민자들이 그 낯선 나라로 향한 까닭은 박해나 기아가 아니라 빈곤 때문이었다. 그들은 계급 없는 사회를 만들고 싶었다. 노동자들은 '고향의 부자들'처럼 잘 살고 싶었지만, 뉴질랜드로 건너온 사람들은 그곳을 "단조롭고 촌스럽다"고 여겼다.

초기의 개척자들은 힘겨운 노동을 각오해야 했고, 노동은 약골이나 청소년에게는 어울리지 않았다. 숲을 정리해야 했다. 육지에 도착하면 흔히 늪과 무성한 덤불만 보였다. 벌목꾼들은 도끼와 사람 키보다 큰 톱으로 나무를 벴다. 광부들은 오타고의 혹독한 기후와 싸우면서 하루 종일 사금을 채취했다. 초창기의 그런 경험은 오늘날의 뉴질랜드인들이 협력과 겸손을 중시하고 서로를 동등하게 대우하는 분위기에 영향을 미쳤다. 뉴질랜드에서는 모두가 서로 격의 없이 지내는 편이다. 뉴질랜드인들은 격식을 선호하지 않으며, 선천적으로 친절하고 남을 잘 돕고 서두르지 않는다. 이 점이 무엇보다 중요하다. 그들에게 어떤 질문을 던지면 신중한 답변을 듣게 될 것이다. 또한

뉴질랜드인들은 끈기도 있다. 자신의 답변을 외국인이 제대로 이해하지 못하면 끝까지 설명하려 애쓸 것이다.

이런 태도와 일맥상통하는 것이 '도의적 공정성'일 것이다. 도의적 공정성은 아마 뉴질랜드인들이 서로의 다양한 배경을 이해하고, 타인을 동등하게 대우하며 서투른 표현을 삼가는 요령을 배우면서 갖게 된 태도일 것이다. 뉴질랜드인들은 신중하게 처신하고 모욕적인 표현을 혐오한다. 누군가가 도의적 공정성에 어긋나는 말을 하면 "네, 그렇군요. 하지만 이 점도 고려할 수 있지 않을까요?"라고 대답하거나 "아, 네."라면서 슬쩍 넘어갈 것이다. 따라서 그들은 자신의 의견을 잘 드러내지 않는 사람들처럼 보인다. 그들과 만난 자리에서는 성급하게 여러분의 인생사를 언급하지 말아야 한다. 사실 상대방의 인생사에 대한 뉴질랜드인의 무관심은 다소 우려스러울 정도일 수도 있겠지만, 그런 소극적 태도는 캐묻기 좋아하거나 무례한 사람으로 비치지 않으려는 성향에서 비롯된 것이다. 어쨌든 그들에게 상대방의 인생사는 그다지 중요한 일이 아니다. 그들은 여러분이 얼마나 성공했는지 얼마나 부유한지, 혹은 여러분이 어떤 사람인지 듣고 싶어 하지 않는다. 당장 여러분의 인생사에 반응을 보이는 대신 시간을 두고 차근차근 알아갈 것이다.

그들은 늘 차분하게 반응하기 때문에 여러분도 거기에 적응하고 싶으면 인생사를 차분하게 언급해야 한다. 예를 들어 "우리는 방금 외몽골에서 멋진 휴가를 보내고 돌아왔어요." 같은 말에 뉴질랜드인들은 이렇게 대답할 것이다. "아, 그렇군요. 좋았겠네요." 그런데 혹시 여러분은 뉴질랜드 럭비 대표팀과 호주 럭비 대표팀의 경기를 본 적 있는가? 그 경기에서는 뉴질랜드인들이 중요하게 생각하는 것이 무엇인지 확실히 드러난다. 뉴질랜드인에게는 이른바 '부자 헐뜯기' 증후군이 남아있다. 빛나는 성공을 거두거나 업적을 이룬 사람은 대체로 거만할 것으로 인식하는 것이다. 뉴질랜드인들은 부나 명성에 특권이 따르지 않아야 한다고 생각한다. 그래서 대체로 자기 삶에 만족하며 큰 야심이 없는 편이다.

하지만 최근 들어 자본주의의 덫이 예전보다 훨씬 더 뚜렷하게 보인다. 특히 오클랜드에서는 돈이 최고이고, 건축가가 설계한 웅장한 저택, 사치스런 자동차, 파리타이 드라이브 같은 유명 주택단지도 있다.

종교

영국 국교회와 스코틀랜드 자유 교회는 19세기 들어 이민자들을 뉴질랜드로 이주시켰다. 당시 나푸이족의 추장 홍이 히카는 기독교가 전사들의 종교로 적당하지 않다고 선언했다. 1820년 그는 영국으로 건너가 조지 4세를 알현했고 선물을 잔뜩 받았다. 그는 뉴질랜드로 돌아온 직후 선물을 팔아 소총을 마련했고 백인과의 싸움에 요긴하게 사용했다.

뉴질랜드 곳곳에는 교회가 눈에 띈다. 기독교는 뉴질랜드인의 생활 속에서 매우 중요한 부분을 차지하고 있다. 하지만 세

계적 추세가 그렇듯 최근 기독교 신자 수는 점점 줄어들고 있고, 교회의 영향력 또한 감소했다.

2013년 인구조사에 따르면 뉴질랜드 인구의 절반 이상이 기독교인이며, 최근 가톨릭교가 영국 국교회를 밀어내고 최대 종교로 발돋움했다. 이어 장로교회가 여러 비국교회와 함께 영국 국교회의 뒤를 바짝 뒤쫓고 있다. 뉴질랜드는 다양한 이민자들의 나라다. 이슬람교, 힌두교, 불교도 성장했지만, 신자 수는 각각 5만 명 정도에 불과하다. 유대인들은 19세기부터 뉴질랜드로 건너왔고, 오늘날 대부분의 도시와 주요 지역에는 유대교 예배당이 있다.

마오리족은 기독교의 영향을 크게 받은 두 가지 토착종교를 믿는다. 링아투는 19세기 마오리족 예언자가 창건한 종교이며, 그보다 신자 수가 많은 라타나는 20세기에 어느 신앙 요법가가 만들었다. 기독교를 믿는 마오리족의 영향으로 몇몇 기독교 종파의 예배 의식에 마오리족 고유의 특색이 가미되었다. 예를 들어 주기도문을 외울 때 영어와 마오리어를 모두 쓰거나 반반씩 섞어 쓴다. 그리고 마오리어만 쓰는 예배가 따로 열리기도 한다.

유머

뉴질랜드인들은 유머감각이 별로 없으며 조용하고 겸손하다. 이 점은 그들의 절제된 행동, 그리고 일부의 평가이기는 하지만, 그들의 다소 편협한 태도와도 관계가 있다. 농담의 대상은 주로 호주인과 양이지만, 호주에도 뉴질랜드인을 조롱하는 농담이 있다. 양을 소재로 한 여러 농담들은 사람보다 양이 더 많기 때문이다.

뉴질랜드와 호주 두 나라 사람들의 억양 차이 때문에도 농담의 폭이 넓어졌다. 뉴질랜드 유머 중에는 불건전한 농담이 하나 있다. 호주의 어느 농부가 양과 비정상적인 관계에 빠져 있었다. 누군가가 그 농부에게 양털을 깎아야 하지 않겠느냐고 말했다. 그러나 농부는 "이 양의 털은 나 혼자만 깎는다네/ 이 양은 나랑만 한다네I'm not shearing this sheep with anyone"라고 대답했다('shear'는 '양털을 깎다'라는 뜻인데 호주인은 'shear'를 'share'처럼 발음한다. 따라서 "이 양은 나랑만 한다네"라는 말로 들릴 수 있다 - 옮긴이). 검정색 속옷과 고무장화 차림의 전형적인 옛 농부 프레드 댁 역할로 유명한 뉴질랜드 최고의 희극인 중 한 사람인 존 클라크가 호주에서 더 많이 활동한 점은 역설적이다.

호주인들은 뉴질랜드 유머의 단골 소재지만(뉴질랜드인들도 호주 유머의 단골 소재다) 외교적 문제로 비화되지는 않는 듯하다. 1980년대 뉴질랜드 총리 로버트 멀둔은 많은 뉴질랜드인들이 일자리를 찾아 호주로 떠나는 이유에 관한 질문을 받았다. 그는 호주로 향하는 뉴질랜드인들 덕분에 두 나라 모두 평균 지능지수가 높아지고 있다고 말했다.

뉴질랜드인들은 자국민 특유의 영어 억양(특히 말끝이 올라가는 억양)도 농담의 소재로 삼는다. 각 지역마다 다르게 나타나는 이 억양 때문에 모든 문장이 의문문처럼 들린다. 남섬의 최남단 지역 주민들이 내는 전동음과 마오리족이나 북섬 주민들이 문장 끝부분에 붙이는 '에ch' 소리도 뉴질랜드 영어의 특징이다. 이 현상은 마오리어 문장의 끝부분에 흔히 붙는 '네ne?'('그렇지 않습니까?'라는 뜻)에서 비롯된 것 같다.

타인에 대한 태도

뉴질랜드인들은 타고난 조심성에도 불구하고 대체로 친근한 사람들이다. 외국인에게 천천히 다가가는 편이고, 외국인이 서서히 다가오기를 기대한다. 따라서 그들에게 너무 성급하고 친근하게 다가서지 않는 편이 좋다. 그들은 격식을 따지지 않고 경청을 좋아하지도 않는다. 이는 현실적이고 평등주의적인 태도 때문이다. 그들은 모든 사람을 동등하게 대우한다. 여러분의 지위를 이용해 그들에게 압박을 가해도 소용없을 것이다. 오히려 역효과만 날 것이다. 뉴질랜드인들은 끈기가 있다. 모두가 자기 차례를 기다려야 한다. 만약 여러분이 새치기를 하면 그들은 차례를 지켜야 한다고 공손하게 충고할 것이다. 또한 뉴질랜드인들은 정정당당한 자세를 중시한다. 그들의 관용적 태도와 끈기는 빠르게 성장하는 서방 선진국들에서 흔히 볼 수 있는 특징이 아니다. 마찬가지로 특유의 구세계적 태도에서 알 수 있듯이 뉴질랜드인들은 천성적으로 타인을 신뢰하는 편이다.

여성에 대한 태도

뉴질랜드에는 고위직 여성이 많다. 역사적으로 뉴질랜드의 여성들은 매우 중요한 사회적 역할을 담당했다. 초기 정착민들이 생계를 꾸려나가려고 애쓸 때 여성들은 고국인 영국에서보다 더 많은 기회를 누렸고 그만큼의 책임을 져야 했다. 학교가 너무 멀었고 학비도 비쌌기 때문에 어머니들은 자녀를 키우면서 직접 가르쳤다. 여성들은 아픈 사람들을 돌보고, 버터와 유제품 따위를 팔아 돈을 벌었다. 하지만 여성의 가장 중요한 역할은 아마 남성 개척자들의 술주정을 받아내는 일이었을지도 모른다. 뉴질랜드 사회에는 오늘날에도 그런 유산이 남아있고, 여성은 여러 분야에서 남성에게 도전하고 있다.

뉴질랜드는 여성에게 전향적인 태도를 견지해온 사회로, 모든 성인 여성에게 투표권을 부여한 최초의 국가다. 수많은 활동가들이 20여 년 동안 평등사회 운동을 펼친 끝에 1893년 여성참정권 청원서가 의회에 제출되어 통과되었다. 그로부터 25년 뒤 영국 여성들이 투표권을 얻었다. 여성참정권 청원서가 통과된 1893년에 엘리자베스 예이츠가 오네훙아의 시장이 되었다. 그것은 대영제국에서

여성이 시장에 당선된 최초의 사례였다. 그렇게 빛나는 역사에도 불구하고 뉴질랜드에서의 남녀 임금격차는 여전하다. 참고로 2015년의 남녀 임금격차는 11.8%였다.

마오리족에 대한 태도

마오리족은 아직 뉴질랜드 사회에서 불이익을 받고 있지만, 오스트레일리아의 원주민보다는 형편이 낫다. 뉴질랜드의 많은 백인들은 그동안 너무 오래 끌어온 토지청구권 문제에 종료기한이 필요하다고 생각한다. 하지만 마오리족의 후손으로 토지청구권 분야에서 유명한 어느 변호사의 아기가 몸값을 노린 유괴범에게 납치되었을 때는 전 국민이 하나로 뭉쳤다. 모두가 텔레비전과 라디오에 눈과 귀를 기울이면서 걱정했다. 아기의 어머니가 그동안 토지청구권 문제와 관련해 마오리족의 편에 서서 돈을 많이 벌었다는 점은 중요하지 않았다. 그 점은 누가 봐도 범죄를 정당화할 수 없었다. 한편 백인이 아니라 마오리족에게 부여되는 특혜와 지원금으로 인한 분열을 우려하는 뉴질랜드인들도 많다. "우리 모두는 뉴질랜드인이다!"라는 외침에

는 모두가 동등하게 대우받아야 한다는 믿음이 깔려있다. 흥미롭게도 마오리족의 후손인 윈스턴 피터스는 지난 총선거에서 '하나의 국민, 모두를 위한 하나의 법, 하나의 선거인단 명부'라는 기치를 내세웠다. 알다시피 현재 뉴질랜드에는 마오리족에게 할당된 선거구가 있다. 그러나 더 중요한 것은 마오리족으로만 구성된 럭비팀인 마오리 올블랙스가 있다는 사실일 것이다. 아울러 아시아인의 대규모 이민을 허용하는 정부 정책에 피로감을 느낀 사람들이 의문을 제기하고 있고, 아시아계 이민자들은 일부 불만세력의 표적이 되었다.

03

관습과 전통

뉴질랜드와 호주 두 나라 모두 영국인이 정착한 땅이지만, 영국인의 후손이라는 점을 흔쾌히 인정하고 자랑스럽게 여기는 쪽은 뉴질랜드인들이다. 20세기로 넘어올 무렵, 뉴질랜드에는 여전히 영국적 색채가 짙게 남아있었다. 당시 뉴질랜드 인구의 20%가 영국에서 태어난 사람들이었다. 지금은 6%만이 영국 출생자들이다. 그들은 '영국인보다 더 영국인다운 사람들'이라는 평가를 받는다.

공휴일

뉴질랜드에서 공휴일은 대체로 긴 연휴나 근무가 없는 날로 통한다. 하지만 현충일은 경건하게 보내야 하는 날로 간주된다. 현충일에는 전국의 남녀노소가 새벽 예배에 참석한다. 오클랜드 박물관 밖에서 진행되는 예배에는 수천 명의 군중이 참석하고, 웰링턴과 크라이스트처치 같은 주요 도시에서도 비슷한 예배가 열린다.

　뉴질랜드인들은 건국기념일도 중요하게 여긴다. 건국기념일은 뉴질랜드 건국의 토대를 이루는 1840년의 와이탕이 조약

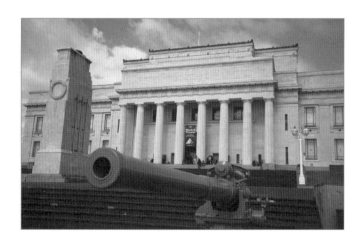

국경일	
1월 1일	신년일
1월 2일	신년 연휴일
2월 6일	건국기념일
3월/4월	성(聖) 금요일, 성(聖) 토요일, 부활절
4월 25일	현충일
6월 첫째 월요일	여왕 탄생일
10월 넷째 월요일	노동절
12월 25일	크리스마스
12월 26일	크리스마스 선물의 날

을 되새기는 날이며, 주로 마오리족이 기념하는 날이다. 이 날에는 마오리족 활동가들의 항의집회가 집중적으로 열린다. 와이탕이에서는 현지의 부족 대변인이 최근의 쟁점에 관한 연설을 하지만, 다른 지역에서는 축제와 공연이 열리고, 마오리족의 문화와 미래를 설명하기 위해 마라에(마오리족의 집회 장소)를 외부에 개방하는 행사가 열리기도 한다.

영국의 유산

뉴질랜드와 호주 두 나라 모두 영국인이 정착한 땅이지만, 영국인의 후손이라는 점을 흔쾌히 인정하고 자랑스럽게 여기는 쪽은 뉴질랜드인들이다. 20세기로 넘어올 무렵, 뉴질랜드에는 여전히 영국적 색채가 짙게 남아있었다. 당시 뉴질랜드 인구의 20%가 영국에서 태어난 사람들이었다. 지금은 6%만이 영국 출생자들이다. 그들은 '영국인보다 더 영국인다운 사람들'이라는 평가를 받는다. 혹은 작가 앤서니 트롤로프가 말했듯이 '전형적인 영국인보다 더 전형적인 영국 사람들'로 통한다. 트롤로프는 뉴질랜드인들이 스스로를 대영제국의 핵심으로 여긴다고 말했다. 하지만 그는 자신이 방문한 영국 모든 식민지에서 그런 자부심을 골고루 확인한 바 있었다. 뉴질랜드인들은 아직 여왕에 대한 뜨거운 감정을 느끼고 여왕의 공식 생일을 축하한다. 그리고 호주인들과 달리 공화주의를 추구하지 않았다. 과거 뉴질랜드는 영국의 가장 충성스런 자치령이었다. 혹자는 뉴질랜드인들이 더 크고 더 강력한 연방의 일원으로 남을 수 있다는 이유로 영국과의 종속관계를 선호한다고 말했다. 그러나 이제는 상황이 크게 바뀌었다. 전형적인 영국인이었던 최초의 정착민들은 뉴질랜드에서 태어난 사람들도 영국이라는 문명사회의 축복을 누릴 수 있어야 한다고 믿었다. 뉴질랜드로 건너온 영국 출신 이민자들은 가치관과 배경이 서로 달랐고 각자 이주한 시기도 달랐다. 반면 생선튀김과 감자튀김, 그리고 민주주의처럼 공통적인 취향과 가치관도 있었다.

영국인의 이주

19세기 초반, 식민지인 뉴질랜드의 최상류층과 일반 정착민층 모두에서 영국 태생의 이민자들을 찾아볼 수 있었다. 1854년 부터 1890년까지 현직 국회의원의 절반 정도가 영국인이었다. 1890년대까지 뉴질랜드로 건너온 초기 정착민들은 주로 잉글랜드 남부의 세 개 지역(런던과 미들섹스 지역, 런던을 둘러싼 남동부의 여러 지역, 남서부 지역) 출신이었다. 런던과 미들섹스 지역 출신 이민자들은 대부분 여러 산업, 특히 건설업의 불황 이후 출현했다. 따라서 노동자들과 숙련공들, 그리고 남성 인구가 압도적인 뉴질랜드에서 좋은 신랑감 만나기를 기대하는 독신 여성들이 여기에 속했다. 남동부의 여러 농촌 지역 출신 이민자들은 해당 지역의 임금하락과 노동 조건 악화로 인해 등장했다. 1874년 농장 노동자들이 저렴한 가격의 외국산 밀이 초래한 임금하락과 실업사태에 항의하면서 일으킨 '들판의 반란'(영국 농업 황금기의 종말을 알린 사건)이 실패로 돌아가자 많은 영국인들이 식민지인 뉴질랜드로 떠났다. 농장 노동자

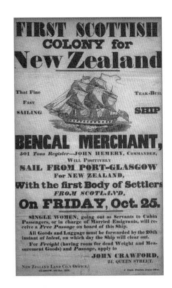

들뿐 아니라 공장의 대량생산 방식에 밀린 구두 수선인과 수레 목수 같은 장인들도 뉴질랜드행 배에 몸을 실었다. 한편 남서부 지역에서도 미국산 수입품 때문에 구리와 주석 채광업의 불황이 심화되면서 이민을 선택하는 사람이 많았다.

19세기 후반과 20세기 초반에는 잉글랜드 북부 지역에서 이민자들이 생겨났다. 조선업, 직물업, 광업 부문의 실업사태가 원인이었다. 1922년 영국 정부는 이민을 떠나는 가정에 장려금을 지급했고, 뉴질랜드 정부는 뉴질랜드인이 영국인의 이민을 주선할 수 있도록 허용했다. 그런 이민 정책에 많은 산업

노동자들이 호응했다. 1940년대부터 1975년까지 일어난 마지막 이민 물결의 주요 무대는 런던 지역과 잉글랜드 북부 지역이었다.

따라서 영국 출신 이민자들은 뉴질랜드 사회에 쉽게 동화되었다. 그들 중 다수가 고국으로 되돌아갔을 때(영국 출신 이민자의 약 3분의 1이 귀국한 것으로 추정된다) 뉴질랜드에 그대로 남은 사람들은 초창기 정착민들에게 놀림을 받았다. 기존의 정착민들은 신규 이민자들을 '비실대는 신출내기'로 불렀다. 1920년대에 이르러 신규 이민자들은 '징징대는 친구'로, 제2차 세계대전 이후에는 '칭얼대는 영국인'으로 불렸다. 다양한 배경의 영국 출신 이민자들은 약간 거만한 사람이나 노동조합 선동자로 간주되었다. 그러나 일반적으로 그들은 뉴질랜드 사회에 잘 적응해왔고, 새로운 조국을 향한 뜨거운 애정을 키워왔다. 매년 뉴질랜드로 이주하는 유럽인들 가운데 4분의 3이 영국인이다.

【 영국의 문화와 전통 】

영국인들이 건너오면서 뉴질랜드에는 영국의 전통과 관습은 물론 소방대, 지역 민병대, 주택금융조합, 취주악대, 공제조합 같은 협회와 단체도 도입되었다. 특히 1938년 사회보장법이 제정되기 전까지 형편이 어려운 환자나 유족을 지원한 공제조합은 노동조합 활동의 측면에서 중요한 역할을 담당했고, 훗날 노동당이 출범하는 데 기여했다.

영국의 문화와 전통은 요리 분야에도 영향을 미쳤다. 뉴질랜드 요리는 전적으로 영국 요리를 토대로 삼았다. 물론 생선튀김과 감자튀김, 고기 한 종류와 채소 두 종류, 케이크, 푸딩, 샌드위치, 차 같은 식단이 더 다양해진 것은 제2차 세계대전 이후 도착한 유럽 출신 이민자들 덕분이다. 하지만 파이는 여전히 인기 있는 요리이고, 2001년의 여론조사에 따르면 1960년대부터 뉴질랜드에 진출한 미국계 체인점의 영향에도 불구하고 생선튀김과 감자튀김이 가장 대중적인 즉석식품이었다. 현재 뉴질랜드에서 가장 인기 있는 알코올 음료인 맥주를 판매 목적으로 가장 먼저 생산한 사람은 러셀에 양조장을 세운 런던 출신의 이민자 조엘 폴락이었다. 스페이츠 맥주를 처음 만든 사람은 데번과 스코틀랜드 출신의 동업자들과 함께 더니든에 양조장을 세운

요크셔 출신의 제임스 스페이트였다. 그러나 요즘 뉴질랜드인들은 보통 초기의 영국 출신 정착민들이 선호한 따뜻한 맥주 대신 차가운 라거 맥주를 주문한다.

텔레비전과 영화 부문을 살펴보자면, 뉴질랜드인들은 〈탑기어〉, 〈다운튼 애비〉, 〈코로네이션 스트리트〉 같은 영국 프로그램을 좋아하지만, 최근에는 세계적 추세에 따라 미국적 색채가 짙은 프로그램의 인기가 높아지고 있다. 뉴질랜드의 무언극, 교회음악(크리스마스 캐럴), 음악행사(영국의 클래식 음악 축제 프롬스와 공원 음악회) 등은 영국의 절대적인 영향을 받았다. 영국의 품평회와 경진회 전통은 뉴질랜드의 대다수 농촌 마을에서 해마다 열리는 '에이 앤드 피^{A and P}'라는 농목축업 공진회에서 엿볼 수 있다. 1840년대부터 시작된 농목축업 공진회는 농부들이 가축과 농축산물을 뽐내는 전시회에서 이제 더 상업적인 오락행사로 발전했다. 공진회는 보통 일주일 넘게 열리고, 마상 경기와 나무 베기 시합 같은 종목이 포함된다. 아이들을 위한 공예 체험과 오락 덕분에 공진회는 온 가족이 나들이를 즐길 수 있는 기회이기도 하다.

뉴질랜드인들이 즐기는 스포츠는 대부분 영국에서 시작된 것이다. 뉴질랜드 스포츠계는 이미 오래전에 규칙, 주관 단

체, 클럽 간 경쟁구도 등을 갖췄다. 축구는 특히 제2차 세계대전 이후 영국 출신 축구팬들이 더 많이 이주하면서 인기를 끌었다. 축구의 경우 처음부터 인기를 끌지는 못했다. 축구의 발상지인 잉글랜드 중부 지방 출신 이민자들이 드물었기 때문이다. 뉴질랜드에는 경마도 발달했다. 1835년 아일랜즈만에서 최초의 공식 경마대회가 열렸다. 오늘날 뉴질랜드 순종 경주마들은 세계적으로 우수한 혈통을 인정받고 있다.

초기 건축물에도 영국의 영향이 남아있고, 1850년대에는 과거의 유산을 연상시키는 건물이 들어섰다. 벤저민 마운트포트와 프레더릭 대처 같은 영국 건축가들이 설계한 고딕 복고조의

혼적은 식민지 시대의 몇몇 오래된 주택이나 이른바 빌라에서
찾아볼 수 있다.

영국으로 되돌아간 토머스 콜몬들리라는 영국인은 뉴질랜
드인이 "날마다 미국화해야 한다"고 생각했지만, 정작 1854년
에는 "뉴질랜드인들은 모든 식민지 사람들 중에서 영국적 특
징을 가장 많이 유지할 것이다"라고 말했다. 그의 말은 아직
유효한 것 같다. 영국, 특히 런던은 여전히 대부분의 뉴질랜드
청년들이 최초의 해외 경험을 쌓고 싶은 나라지만, 모국에 대
한 그들의 감정은 다소 비판적이다. 경우에 따라 다르겠지만,
그들은 대체로 영국인을 속물이나 건방진 사람으로 여긴다.

영국 정부의 입김으로 연방 회원국들의 지위가 흔들리면서 뉴질랜드인들이 느끼는 양국의 특별한 관계가 악화되었다. 최근 영국을 방문하는 뉴질랜드인에게 200파운드의 건강보험 부담금이 부과되었지만, 뉴질랜드를 방문하는 영국인에게는 부담금이 부과되지 않는다. 이에 대해 뉴질랜드 총리는 "뉴질랜드인이 영국에서 누려야 할 권리가 축소"되었다고 지적했다.

호주와의 관계

호주와의 지속적인 경쟁관계는 가벼운 조소에서 다소 심각한 적대감까지 다양한 형태를 띨 수 있다. 간단히 말해 호주인에게 뉴질랜드인은 촌뜨기들이고 이 세상에 없는 존재다. 반대로 뉴질랜드인에게 호주인은 열등한 자들, 즉 죄수의 후손들이다. 호주인은 뉴질랜드인을 '남태평양의 영국인'으로도 부른다. 뉴질랜드가 상대적으로 영국과 더 친밀한 관계를 맺고 있다고 생각하기 때문이다. 반면 뉴질랜드인은 호주인을 시끄럽고 독선적인 사람들로 여긴다. 이와 관련해 호주의 어느 언론인은 다음과 같이 말했다. "우리는 뉴질랜드인을 딱히 미워하지는 않지만, 그렇다고 좋아하지도 않는다. 뉴질랜드인은 우리를 마치 미국인처럼 상스럽고 건방진 사람으로 여기지만, 우리는 뉴질랜드인을 낡고 재활용된 영국인으로 생각한다." 애국심은 호주에 거주하는 뉴질랜드인들의 다음과 같은 말에 녹아있다. "나는 호주에 오지 않았다. 다만 뉴질랜드를 떠났을 뿐이다." 반면 뉴질랜드에 거주하는 호주인들은 지붕이 절실히 필요한 곳에 비가 너무 많이 내리기 때문에 호주로 돌아간다고 말한다. 애국심을 더 드러내는 쪽은 보통 뉴질랜드인이다. 아마 뉴질랜드가 한때 호주의 식민지였고 시드니에 주재한 영국 총독의 통치를 받았기 때문일 것이다.

어쨌든 뉴질랜드와 호주 두 나라는 일반적으로 사촌이나 형제로 통하며 애증이 교차하는 가족처럼 지낸다. 경제, 사회, 안보 측면에서 호주는 뉴질랜드에게 가장 중요한 나라다. 최근까지 호주는 뉴질랜드에 최대의 시장이자 가장 긴밀한 교역국이었다. 두 나라의 외교 및 무역 정책은 서로 비슷하고, 어려운 시기에 서로 협력한다. 1930년대 호주인들은 뉴질랜드 노동당이 내각을 구성하는 데 크게 기여했다. 당시 내각에는 호주인여섯 명, 뉴질랜드인 다섯 명, 잉글랜드인 한 명, 스코틀랜드인한 명이 참여했다. 뉴질랜드인이 가장 사랑하는 총리 중 한 사람인 미키 새비지 또한 호주에서 태어났다.

뉴질랜드 정치인들이 호주에서 선거운동을 펼칠 정도로 호주에 살고 있는 뉴질랜드인의 수(55만 명 이상으로 추정)가 많다. 반면 뉴질랜드에 거주하는 호주인은 6만 3,000명에 불과하다. 1973년 양국이 맺은 트랜스태즈먼 협정으로 태즈먼해를 자유롭게 건너갈 수 있게 되었고, 두 나라 국민은 상대방 국가에서 아무런 제약 없이 살고 일할 수 있게 되었다. 하지만 실제로 호주인은 뉴질랜드인에 비해 트랜스태즈먼 협정을 활용하는 빈도가 낮다. 결과적으로 호주에서 살기로 결정한 뉴질랜드인은 흔히 호주인의 일자리를 빼앗거나 복지혜택에 편승해 생활한다는 비난을 받는다. 그러나 2001년 이후 뉴질랜드인들은 호주 시민권 신청과 공직 진출이 금지되었다. 뉴질랜드인들은 호주인들이 뉴질랜드 최고급 두뇌들을 휩쓸어가고 호주의 여러 인재발굴 업체들이 뉴질랜드의 의학 및 교육 전문가들과 경찰 인력을 대거 모집한다고 자주 불평한다.

지금까지 두 나라의 통합 문제가 자주 논의되었지만, 1901년 뉴질랜드가 호주의 일곱 번째 주가 되지 않기로 결정한 이후, 여러 여론조사에 의하면 뉴질랜드인들은 항상 통합에 반대하고 있고 호주 정부는 전혀 관심을 드러내지 않고 있다.

그럼에도 불구하고 두 나라는 공통점이 많다. 두 나라 모두 영국의 식민지였고, 영국식 정부체계를 물려받았으며 두 차례의 세계대전에서 영국을 지원했다. 그리고 냉전 당시 미국과 동맹을 맺었고, 한국전쟁과 베트남전쟁에 참전했으며, 지리적으로 외진 곳에 위치해 있다. 두 나라와 영국의 관계는 차츰 애증의 관계로 전락하고 있지만, 호주는 군주제를 고수하는 뉴질랜드보다 공화주의적 성격이 훨씬 더 강하다. 1999년 두 나라는 동티모르에서 국제연합 평화유지군 활동을 펼쳤다. 그러나 2003년 미국이 이라크를 침공했을 때는 호주만 참전했다.

두 나라의 경쟁관계가 드러나는 분야는 스포츠, 특히 두 나라 국민 정체성의 일부분으로 자리 잡은 종목인 크리켓과 럭비다. 예를 들어 호주의 크리켓 선수 트레버 채플이 저지른 스포츠 정신에 어긋나는 투구는 뉴질랜드의 크리켓 애호가들이 결코 용서하지 않고 있다.

그러나 모든 의견 차이와 지속적인 불만에도 불구하고 두 나라는 서로를 지켜줄 뿐만 아니라(호주 뉴질랜드 연합군이 대표적인 사례다) 해외에서 서로 잘 뭉친다. 하지만 그들을 럭비 경기장에 데려가면 바로 전쟁이 벌어질 것이다.

마오리 문화

마오리 문화는 뉴질랜드 국민 정체성의 필수불가결한 부분이다. 뉴질랜드 원주민인 마오리족은 스스로를 탕가타 훼누아('땅의 주인들'이라는 뜻)로 부른다. 마오리는 '하늘의 자손들'이라는 뜻의 마우리$^{Ma-Uri}$에서 나온 말이다. 마오리족은 이위^{iwi}(부족), 하푸^{hapu}(아족), 화나우^{whanau}(대가족) 등으로 구성된다. 폴리네시아 지역에서 기원한 마오리족은 그 지역의 풍부한 문화와 함께 뉴질랜드로 건너왔다. 당시에는 아직 문어^{文語}가 없었기 때문에 마오리 문화에서는 노래, 춤, 미술, 웅변술이 중요했다. 마오리족의 역사와 신화는 주로 노래와 춤, 미술과 웅변술을 통해 구전되었다. 따라서 가끔 사실과 허구가 뒤섞인다. 특히 낯선 땅의 환경에 맞게 폴리네시아 민간전승의 원래 내용이 슬쩍 바뀔 때 더욱 그렇다. 지식은 흔히 화카파파^{whakapapa}, 즉 족보를 통해 전해진다.

마오리 문화의 핵심은 마마^{mama}(신분)와 우투^{utu}(상호주의, 대가, 보복)다. 신분은 각자의 조상들에게 물려받았다. 조상은 후손이 요청할 때 방향을 제시하고 영적인 능력을 보여줬다. 과거에는 전쟁과 폭력행위가 종종 발생했지만, 마오리족은 무방비 상태의 파^{pa}, 즉 요새 마을과 계절별 주거지에 살았기 때문에 일시적인 사태에 그쳤다. 파는 처음에는 영국의 철기시대 요새와 모양이 비슷했고, 나중에 마오리족이 영국인과 마주쳤을 때는 참호와 구덩이를 갖춘 더 효과적인 방어시설로 발전했다. 오늘날 파는 대부분 흔적만 남아있다. 오클랜드의 경우에는 수많은 화구구의 장관을 감상할 수 있는 마운트 이든과 원 트리 힐 같은 곳에서, 아일랜즈만의 경우에는 해양역사공원에서, 호크스베이 지방의 경우에는 오타라타 파 역사지구에서 파의 흔적을 찾아볼 수 있다.

[마오리족의 신앙]

마오리족이 환경과 맺고 있는 관계, 그리고 신과 아투아^{atua}(정령)에 대한 믿음은 타푸^{tapu}, 즉 사회적 금기에 내재된 신앙체계로 이어졌다. 타푸는 '성스러운' 혹은 '거룩한'이라는 뜻의 마오리어로 영어 단어 taboo(금기)의 어원이고, 쿡 선장을 통해 영국인들에게 알려졌다. 성스러운 것과 그렇지 않은 것은 매우 엄격히 구분되었다. 예를 들어 요리된 음식은 거룩한 곳인 마라에에 들여올 수 없었다. 요리된 음식은 불경스러운 것이기 때문이다.

마오리족은 모든 사안에 신성한 방향이 있다고 믿었다. 그것은 그들이 폴리네시아에서 보냈던 과거의 유산이었다. 마오리족의 관점에서 종교는 자연과 밀접하게 연결된 것이다. 마오리족은 우주와 신, 그리고 사람과 동물의 탄생과정을 설명하는 신화와 전설을 물려받았다. 랑이^Rangi(하

늘)와 파파^Papa(땅)는 모든 신들의 아버지와 어머니다. 즉 나무와 새의 신 타네, 바람의 신 타휘리, 바다의 신 탕아로아 같은 여러 신들의 부모다. 그 모든 신들은 노래와 춤을 통해 기억된다. 신들이 정한 마오리족의 생활규범은 마오리족 사회에서 막강한 영향력을 행사한 토홍아 아후레와, 즉 사제들을 통해 전승되었다. 그들은 반인반신인 마우이가 어떻게 뉴질랜드를 바다에서 건져냈는지, 그리고 불을 어떻게 지하세계에서 훔쳐왔는지, 별들이 어떻게 우루^Uru의 눈물에서 비롯되었는지 설명한다

• 키위에게 날개가 없는 까닭 •

옛날 옛날 숲의 신 타네 마후타가 고사리가 많은 숲을 둘러봤다. 자기 자식인 나무들이 벌레들에게 먹히고 있어 걱정스러웠다. 그래서 새들을 불러 모았다. 새들에게 혹시 어둡고 축축한 숲에서 벌레들을 잡아먹을 수 있는지 물었다.

당연히 새들은 주저했다. 대부분 맑은 하늘 위를 날아다니고 싶어했다. 투이(뉴질랜드 텃새의 일종)는 어두운 곳이 겁난다는 핑계를 댔고, 푸케코(자색쇠물닭)는 발이 젖는 것이 싫다고 했고, 피피화라우로아(뻐꾸기과의 새)는 둥지를 짓느라 정신이 없었다. 그런데 키위가 주제넘게 나섰다.

타네 마후타는 키위에게 어두운 숲에 들어가면 앞으로 다시는 햇빛을 볼 수 없을 것이고 아름다운 깃털도 모두 잃을 것이며, 쓰러진 나무를 잡아 뜯어 벌레를 잡아먹다 보면 점점 다리가 굵고 튼튼해질 것이라고 말했다. 그래도 키위는 숲에 들어가 벌레를 잡아먹겠다고 대답했고, 기특한 희생의 대가로 모든 새중에서 가장 유명하고 사랑받는 새가 되었다.

나머지 새들은 벌을 받았다. 투이는 겁쟁이라는 표시로 목 밑에 두 개의 흰색 깃털이 생겼다. 푸케코는 영원히 늪에서 살아야 했고, 피피화라우로아는 평생다른 새의 둥지에 알을 낳아야 했다.

(우루는 랑이와 파파가 잃어버린 자식이다). 우루는 슬픔에 빠져 흐느꼈다. 바구니가 우루의 눈물로 가득했고, 우루의 형제인 타네 마후타가 바구니를 열자 눈물은 환하게 반짝이는 빛으로, 즉 푸라푸라훼투로 변했다. 타네 마후타는 어둠 속에서 외로움을 느끼지 않기 위해 푸라푸라훼투를 온 하늘에 뿌렸다.

【 의례와 예절 】

조상들과 밀접한 관계를 맺고 있는 마오리족은 전통적으로 탕이항아tangihanga, 즉 장례식을 중시한다. 장례식은 며칠 동안 진행되는데, 전국 각지에서 친척들과 지인들이 찾아온다. 망자와의 이별 의식에는 의례와 노래뿐 아니라 젊은 세대에게 그대로 혹은 내용이 살짝 바뀌어 전승되는 신화와 전설도 포함된다.

　외국인들이 신성한 회의 장소인 마라에로 들어갈 때는 엄격한 예절을 따라야 한다. 마라에에 딸린 예배당이자 각 지역 사회의 정체성을 엿볼 수 있는 화레 루낭아에서는 모든 의식이 열린다. 마라에는 전통적으로 새벽 햇빛을 받을 수 있는 동쪽을 바라보고 서 있다. 각 마라에에는 자체적인 금기가 있고, 외국인들은 마라에 안으로 들어가기 전에 기다려야 한다. 한 여자가 높고 날카로운 목소리로 조상을 부르는 것이 입장 신

호다. 그것은 모든 회합 전에 정령의 존재를 인정하는 전통이다. 외국인 방문객들은 망자에 대한 존경의 표시로 머리를 숙여야 한다. 환영 연설과 노래가 이어질 것이고, 홍이^{hongi}라는 전통 인사법에 따라 상대방과 코와 이마를 부드럽게 맞댄다(비비지 말기 바란다). 이어서 도발적인 전쟁의 춤과 노래로 구성된 하카를 볼 수 있다. 과거 하카는 외부인의 의중을 판단할 때 쓰였다. 싸우겠다는 마음을 품은 사람은 전사들의 힘에 두려움을 느꼈을 것이고, 그렇지 않은 사람들은 평화의 뜻을 입증해야 했다.

마라에에 들어가려면 허락을 받아야 한다. 대개의 경우 관광객들은 단체 방문이 가능하다. 마라에 관광은 마오리족의 역사와 문화, 신화에 대해 배울 수 있는 이상적인 기회다. 우선 웨로wero로 시작하는 공식 환영행사인 포휘리powhiri가 열린다. 웨로는 일종의 도전의식이다. 타이아하(창)를 들고 있는 전통 의상을 입은 전사가 나뭇가지를 손님 앞에 던져놓는다. 손님은 그것을 집어 들어 평화의 뜻을 나타낸다. 그런 다음 여자들이 환영의 노래인 카우랑아를 부른다. 안으로 들어간 손님은 마오리족의 환영 연설과 노래를 들은 뒤 전통 방식의 인사를 나누게 될 것이다.

특히 묘지 같은 마오리족의 일부 유적은 금기의 대상이므로 함부로 가까이 가지 말아야 한다. 마라에에 입장하기 전에는 신발을 벗어야 한다. 담배를 피거나 음식을 먹거나 음료를 마시거나 껌을 씹지 말기 바란다. 그리고 음식을 차려놓고 먹는 탁자 같은 곳에 앉으면 곤란하다. 관계자들에게 허락을 받기 전에는 마라에 주변 건물을 촬영하지 말아야 한다. 마라에는 마오리족의 삶에서 중요하고 성스러운 부분이기 때문이다. 마땅히 경건한 마음으로 관람해야 한다.

목조 건물과 카누를 장식하는 데 쓰이는 조각술은 마오리족의 중요한 전통이다. 돌로 연장과 장신구를 만드는 기술도 마찬가지다. 조각의 목적은 장식에 국한되지 않는다. 조각은 조상들에 대한 깊은 존경심의 표현이기도 하다. 손으로 조각한 지팡이, 장식을 새겨 넣은 뼈, 녹옥綠玉 목걸이 등은 마오리족에게 매우 중요한 물건이다. 거기에는 원래 주인의 혼이 담겨있다고 믿기 때문이다. 모든 마라에에서는 세심하게 조각한 목조 족보, 즉 화카파파와 혀를 내밀고 있는 인물상이 함께 보인다. 뉴질랜드 럭비 대표팀이 경기 전에 하카 공연을 펼치는 모습을 본 사람은 아마 표정의 유사성을 찾을 수 있을 것이다.

서양의 영향을 많이 받은 데다 약 50만 명이 현재 도시에 거주하지만, 마오리족 내부의 유대관계는 그대로 유지되고 있다. 여기에는 마오리 문화가 되살아나고 있는 최근의 분위기가 크게 작용했다. 전통 음악과 무용이 등장하는 의례와 의식이 아직 행해지고 있으며, 마오리족의 전통과 예술 형식은 타옹아^{taonga}, 즉 국보가 되었다.

【문신】

기원전 1500년경부터 지금까지 문신 관습은 타히티 문화의 필수요소다. 타히티 문화는 마오리 문화의 뿌리다. 문신은 마오리 문화에서도 빼놓을 수 없는 부분이다. '문신^{tattoo}'의 어원은 '딱 벌어진 상처'를 의미하는 타이티어 타타우^{tatau}에서 유래했다. 오늘날 문신은 세계적으로 인기 있는 장식 수단이지만, 마오리족에게 문신은 존경의 대상이다. 마오리족의 문신에는 역사와 정체성, 문화가 담겨있기 때문이다. 마오리족의 전설에 따르면 옛날 젊고 잘생긴 추장 마타오라가 아내를 찾으러 지하세계에 갔다가 얼굴에 문신을 하고 돌아오면서 문신이 퍼졌다고 한다.

원래 문신은 얼굴에만 하는 것이었다. 마오리족은 얼굴 문신을 모코^{moko}라 부르는데, 모코에는 목각술이 쓰였다. 우선 물과 기름을 섞어 검댕으로 만든 안료에 조각칼 같은 뼈를 담가놓는다. 그리고 조각칼 같은 뼈를 대고 나무막대로 톡톡 두드려 살갗을 찔렀다. 그런 방식은 20년 전에 금지되었고, 오늘날의 문신 예술가들은 감염을 예방하기 위해 전기면도기 비슷

한 기계를 사용한다. 문신 도안은 목각을 비롯한 다른 예술 형식과 마찬가지로 자연을 모티프로 삼았다. 남자들만 얼굴 전체에 새기는 모코를 할 수 있었고, 여자들은 턱, 윗입술, 콧구멍에만 문신을 할 수 있었다.

마오리 문화에서 전통적인 문신 도안에는 소속 부족, 출신 가문, 신분 같은 상세한 정보가 담겨있다. 지위가 높은 사람일수록 문신의 개수가 많았으며, 특정한 문신을 새길 권리를 얻어야 할 때도 있다. 과거에는 모코가 없는 사람을 파파테아라 불렀다. 파파테아는 '평범한 얼굴'이라는 뜻이지만, 실제로는 '하찮은 사람'이라는 의미였다. 모코는 싸움에 앞서 적들에게 겁을 주기 위해 얼굴에 숯을 칠한 마오리족 전사들이 이 무늬를 영원히 남기기로 결심한 데서 비롯되었다. 얼굴 전체에 새기는 모코는 1800년대 후반 자취를 감췄지만, 오늘날 문신은 뉴질랜드뿐 아니라 세계 곳곳에서 되살아났다. 마오리 문화에서 비롯된 문양과 도안은 세계 유명인들이 독특한 문신을 선보이면서 이제 자기표현의 한 방식으로 자리 잡았다.

04

일상생활

뉴질랜드 인구의 4분의 3이 적어도 인구 1만 명 이상의 도시 지역에 살고 있다. 농촌에는 아시아계나 태평양제도 출신 사람들 대신에 유럽계와 마오리족이 많이 살고 있다. 아시아계나 태평양제도 출신 사람들은 일자리가 있는 대도시, 특히 오클랜드를 선호한다. 오클랜드 인구의 3분의 1이 해외에서 태어난 사람들이다. 반면 남섬의 경우 해외에서 태어난 사람들의 비율이 15명당 1명에 불과하다. 뉴질랜드 인구의 절반이 북섬의 오클랜드, 해밀턴, 웰링턴, 남섬의 크라이스트처치 같은 도시에 집중되어 있다.

집이 항상 마음의 안식처는 아니다

지금까지 뉴질랜드는 꾸준히 번영의 길을 걸어왔다. 그러나 모든 뉴질랜드인이 내 집 마련의 꿈을 이루지는 못한다. 자택 소유자의 비중은 1980년대 이후 줄어들었다. 1980년대에는 전체 인구의 74%가 내 집을 갖고 있었다. 지금은 자택 소유자가 전체 인구의 50%에 불과하다. 이는 아마 1980년대 소득세 제도가 바뀐 것과 1990년대 사회보장 혜택이 줄어들고 실업률이 높아진 이유 때문일 것이다. 그동안 경기침체로 인해 빈부격차

가 커졌고, 전체 인구의 80%가 소득감소를 겪었다. 오늘날 뉴질랜드인의 3분의 1 정도는 임대주택에 살고 있다.

마오리족과 태평양제도 출신 사람들은 임대주택에서 거주할 가능성이 크다. 유럽 혈통의 뉴질랜드인들은 일반적으로 자택을 보유하고 있지만 주택담보대출금을 갚아야 하는 경우가 많다. 지난 몇 년 동안 부동산 가격은 폭등했다. 2015년 7월 전국 평균 주택가격은 52만 7,760뉴질랜드 달러였다. 부동산 가치는 지난 몇 년 동안 10% 올랐고, 지금은 2007년 후반의 최고 시장가격보다 25% 넘는 수준을 기록하고 있다. 이제 내 집 장만은 많은 사람들에게 이루기 힘든 꿈이 되어버렸다. 2015년 주택담보대출의 금리는 평균 6%였다. 주택담보대출을 받은 전체 가구의 65%가 변동금리 대신 1994년 대대적으로 권장된 고정금리를 선택했다. 약 178만 개에 이르는 개인소유 주택의 절반 이상이 주택담보대출을 받아 마련한 것이다.

뉴질랜드 인구의 4분의 3이 적어도 인구 1만 명 이상의 도시 지역에 살고 있다. 농촌에는 아시아계나 태평양제도 출신 사람들 대신에 유럽계와 마오리족이 많이 살고 있다. 아시아계나 태평양제도 출신 사람들은 일자리가 있는 대도시, 특히 오클랜드를 선호한다. 오클랜드 인구의 3분의 1이 해외에서 태어난 사람들이다. 반면 남섬의 경우 해외에서 태어난 사람들의 비율이 15명당 1명에 불과하다. 뉴질랜드 인구의 절반이 북섬의 오클랜드, 해밀턴, 웰링턴, 남섬의 크라이스트처치 같은 도시에 집중되어 있다. 북섬의 북부 지역 인구는 남섬의 인구보다 더 빨리 증가해왔다. 북섬의 인구 증가 속도가 더 빠른 이유는, 국내 이주의 결과가 아니라 이민자가 많고 마오리족과 태평양제도 사람들의 출생률이 더 높기 때문인 것으로 추정된다.

정부는 다양한 주택공급 정책을 시행해왔다. 1974년 법에 따라 설립된 뉴질랜드 주택공사는 주택 관련 서비스를 제공한다. 주택공사에서 실시하는 프로그램으로는 취약계층에 편의를 제공하는 지역사회공동주택, 주거 과밀과 건강 위협 문제를 해결하려는 보건주택, 융자를 통해 저소득 가정, 특히 마오리족 가정의 내 집 마련을 돕는 저금리농촌융자, 불량 주택을 수리하고 위생 및 전기 같은 기본설비를 갖추도록 돕는 농촌주택개량, 국가자산을 유지하고 현대화하는 국가주택관리, 저소득층을 돕는 저당 보험인 자택보유 같은 정책을 꼽을 수 있다.

북섬과 남섬에 산재한 개인 소유 주택의 80%가 한 가구만 거주하는 단독주택이지만, 최근에는 다세대주택이 점차 늘고 있다. 특히 여유 공간이 부족한 오클랜드에서는 다세대주택이 크게 증가하고 있는 상황이다. 네 개 이상의 침실을 갖춘 대형 주택의 수도 점차 늘고 있는데, 이는 부의 증가와 소득 불평등 현상의 영향으로 볼 수 있다. 주택은 대개의 경우 단층 목조 형태로, 언덕이 많은 지역에 지주를 세워 지을 때가 많다. 그리고 뉴질랜드 특유의 실용성이 돋보이지만 최근에는 디자인이 점점 강조되고 있다.

뉴질랜드의 많은 건축물은 해외 건축 동향에 영향을 받으면서 이민자들이 남긴 유산이 떠오르는 양식에서 유럽풍이나 미국풍이 엿보이는 양식으로 발전해왔다. 유럽과 미국의 건축 양식은 뉴질랜드 현지의 환경에 적응하면서 목재를 강조하게 되었다. 목재는 뉴질랜드에서 쉽게 구할 수 있고 뉴질랜드

기후나 뉴질랜드인의 격의 없는 생활방식과 잘 어울리는 건축 자재다. 또한 목조 주택은 옮길 수 있다는 장점도 있다. 실제로 목조 주택을 특별한 운반차량에 실어 새로운 장소로 옮기는 모습을 흔히 볼 수 있다. 이와 더불어 고풍스런 매력을 간직한 식민지 시대의 주택, 즉 빌라가 여기저기 흩어져 있다. 몇몇 인상적인 19세기 주택을 직접 방문해볼 수도 있다. 대부분의 도시에서는 현지의 여행안내정보센터를 통해 역사적인 주택의 목록을 쉽게 확인할 수 있다.

【 휴가용 별장 】

많은 뉴질랜드인들은 휴가용 별장을 갖고 있다. 대부분의 지역에서는 휴가용 별장을 '배치bach'로 부르지만, 오타고와 사우스랜드 지방에서는 '크립crib'으로 부른다. 휴가용 별장의 성격은 기본적인 수준의 거처에서 대규모 주택으로 바뀌었다. 휴가용 별장은 일반적으로 재활용 목재나 골함석, 그리고 지금은 사용이 금지된 석면 같은 값싼 건축 자재를 이용해 만들었다. '배치'라는 이름은 '독신남bachelor'이라는 말에서 나왔다. 이는 필수품만 갖추면 되고 가구의 모양보다 실용성이 중요했던 시절 남성들이 낚시 여행 때 썼던 표현으로 추정된다. 많은 휴가용 별장이 정부 소유의 해변에 불법으로 들어섰다. 특정 시점 이전에 들어선 별장은 사용이 허가되었지만, 그 시점 이후에 들어선 신규 별장이나 기존 건물을 수리한 별장은 사용이 금지되었다. 오늘날 쓰이는 휴가용 별장은 대부분 뉴질랜드인의 삶이 비교적 풍족해진 제2차 세계대전 이후에 지어진 것이다. 초창기의 휴가용 별장에는 빗물 저장조와 재래식 화장실이 있었지만 오늘날의 휴가용 별장은 건축가가 설계한 훨씬 더 세련된 건물로 탈바꿈했다. 결과적으로 요즘의 휴가용 별장에서는 원래의 성격과 초창기의 유산을 찾아보기 어렵다.

【창고】

'좋은 뉴질랜드 남자'의 핵심을 이루는 두 가지 요소는 럭비를 즐기는 것과 창고를 갖고 있는 것이다. 뉴질랜드인들은 실용적인 사람들이자 뭐든 직접 만들어 쓰는 사람들이기 때문에 보통은 작업장을 갖고 있다. 창고로 부르는 작업장에서 그들은 자동차, 세탁기, 잔디 깎는 기계 같은 여러 가지 물건을 수리한다. 작업장으로서의 창고는 확고한 전통으로 자리 잡았다. 심지어 맨즈셰드 뉴질랜드라는 협회도 있다. 이 협회는 창고에 관심이 많은 뉴질랜드인들에게 관련 정보를 제공한다.

【 중고품 할인판매 】

뉴질랜드인들은 이사할 때나 그냥 쓰던 물건을 처분하고 싶을 때 자기 집 차고에 저렴하게 내놓는다. 어떤 사람들은 정기적으로 물건을 내놓기도 한다. 중고품 거래는 보통 토요일 아침에 이뤄지고, 지역신문이나 인터넷에 주요 거래 물품을 광고하기도 한다. 광고에는 거래를 시작하는 시간이 적혀 있다. 미리 줄을 서서 기다리다가 차고 문이 열릴 때 차고에 들어가 물건을 고르면 된다. 여러 집의 차고를 돌아다니면서 물건을 구경하기만 하는 사람들도 많지만, 차고에서 이뤄지는 이런 판매행사는 저렴한 중고품을 원하는 사람들에게 소중한 기회가 된다.

【 이사와 방랑 】

뉴질랜드인들은 이사를 자주한다. 평균 5년에 한 번씩 이사를 하게 되어, 작은 마을에서도 대여섯 개의 부동산중개인 사무실을 흔하게 볼 수 있다.

뉴질랜드인들은 방랑도 즐긴다. 호주와 달리 뉴질랜드에서의 방랑은 오지로 간다는 의미가 아니라 삶의 휴식과 변화를 모색한다는 의미로 쓰인다. 이 때문에 뉴질랜드에서 이동식 주택은 이른바 기회의 매체로 통하게 되었다.

　　버스를 화목 난로, 전자레인지, 텔레비전 등을 갖춘 세련된 이동식 주택으로 개조하는 사람도 많다. 몇 달간의 휴식이 몇 년으로 연장될 때가 많고, 이동식 주택을 이용한 여행을 즐기는 사람들은 동호회를 결성해 전국 각지의 명소에서 정기적으로 만나기도 한다.

　　호수나 강 근처의 캠핑차량 주차장인 자유 캠핑 구역의 수칙은 지역마다 다르기 때문에 현지의 여행안내정보센터를 통해 확인해야 한다. 여행자들은 다른 사람들의 방해를 받지 않은 채 호수나 산의 아름다움을 오롯이 음미할 수 있을 것이다. 하지만 지정 구역이 아닌 장소에서 캠핑을 즐긴 경우에는 반드시 주변을 깨끗하게 정리해야 한다. 뉴질랜드인들은 환경보호에 철두철미한 사람들이다.

【 보트와 티니 】

뉴질랜드는 섬사람들의 나라다. 따라서 보트와 보트놀이는 뉴질랜드인들의 생활에서 중요한 역할을 한다. 주차장 출입로, 정원, 차고 등에는 다양한 모양과 크기의 보트가 있다. 뉴질랜드인 세 명 중 한 명은 보트를 갖고 있다고 할 정도다. 보트는 무동력 요트와 동력 요트에서 티니, 즉 알루미늄으로 만든 소형 보트까지 다양하다.

뉴질랜드에서의 어로 행위는 폴리네시아인들이 도착한 1000여 년 전부터 시작되었다. 당시 물고기는 필수 식량 공급원이었다. 카이 모나$^{kai\ mona}$, 즉 '바다 음식'은 여전히 마오리족에게 중요하다. 마오리족은 낚싯줄과 그물을 이용해 홍합, 피피(조개), 파우아(전복)를 채취한다. 아름다운 유백광의 녹색과 청색을 자랑하는 파우아의 속껍데기는 보석과 기념품에 쓰인다. 조개껍질은 마오리족에게 문화적으로 중요한 요소이기도 하다.

낚시는 매우 인기 있는 취미고, 낚시꾼은 물고기가 있을 법한 곳 어디에서나 볼 수 있다. 사람들이 비교적 많은 지역에서는 주로 다리에서 손낚싯줄을 드리우고, 담수호와 강에서

는 연어, 농어, 송어를 잡는다. 뉴질랜드에서 즐기는 제물낚시
는 세계 최고 수준으로 평가받는다. 해안가에서는 던질낚시로
물퉁돔, 테라키히(농어목 다동가리과에 속하는 생선-옮긴이), 방어 따
위를 노린다. 뉴질랜드 북부의 태평양 연안은 참치와 청새치를
상대하는 대어 낚시가 적격이다.

아일랜즈만은 미국 작가 제인 그레이가 즐겨 찾은 곳이다.
우루푸카푸카섬에는 그의 이름을 딴 카페가 남아있다. 뉴질랜
드인이라면 누구나 낚싯대를 갖고 있고, 아이들은 어릴 때부
터 낚시에 입문한다. 아이들의 흥미를 돋우기 위한 낚시 대회
도 자주 열린다. 이런 분위기는 여성들에게도 영향을 미쳤다.
뉴질랜드는 주말에 여성들끼리 낚시를 하는 몇 안 되는 나라

에 속할 것이다.

뉴질랜드에서 놀이 목적으로 낚시를 즐기는 모든 사람들은 유어遊魚낚시와 관련된 법적 규정을 따라야 한다. 뉴질랜드의 바다에는 일곱 개의 출어 지역이 있고, 각 지역에서는 현지의 규정을 따라야 한다. 낚시 관련 규정이 정기적으로 바뀌기 때문에 낚시 여행에 나설 때마다 확인할 필요가 있다.

교육

최근 계산능력과 읽고 쓰는 능력이 중요한 정치적 쟁점이 되었다. 세계 여러 나라의 통계에 따르면 뉴질랜드의 경우 학업 성취도가 가장 높은 학생들과 가장 낮은 학생들의 격차가 선진국 중에서 가장 크다고 한다. 매년 뉴질랜드 학생들의 25%(약 1만 2,000명)가 어엿한 시민에게 필요한 자질을 갖추지 못한 채 졸업하는 것으로 추정된다. 지금까지 뉴질랜드의 교육구조는 분권화의 길을 걸었다. 초·중·고등학교와 대학교는 정부가 정한 지침에 따라 자율적으로 운영된다. 5세부터 19세까지의 학생들은 무료로 교육을 받게 되며 6세부터 16세까지의 학생들

• 뉴질랜드 문화의 몇 가지 상징 •

다음은 뉴질랜드 문화의 대표적인 상징들이다. 몇 가지는 호주 문화의 상징이기도 하다. 이들 상징은 두 나라 사람들의 향수를 불러일으킬 수 있다.

- 버지 비: 빨간색과 노란색이 뒤섞인 벌 모양의 어린이 장난감
- 8번 와이어: 다목적 와이어로 뉴질랜드인의 독창성과 적응력을 나타내는 상징이기도 하다.
- 파블로바: 푸짐한 머랭 위에 과일과 크림을 얹은 디저트
- 보겔스: 통밀빵
- 잰들스: 가죽 끈 샌들, 고무 샌들
- 전복 껍질 재떨이
- L&P: 뉴질랜드의 대표적인 레모네이드형 청량음료
- 안작 비스킷: 귀리와 당밀로 만든 과자
- 베지마이트: 영국의 잼 마마이트를 기본으로 해서 만든 뉴질랜드의 잼
- 블러프 굴: 남섬의 항구 도시 블러프 주변에서 채취한 뉴질랜드 최고의 굴
- 래밍턴: 초콜릿 당의와 말린 코코넛으로 만든 스펀지케이크
- 검정 고무장화

은 의무교육 대상이다. 그러나 학부모들에게 국가가 감당하지 못하는 교육비를 부담하도록 요청하는 공립학교가 많다. 아이들은 일반적으로 5세에 입학하지만, 5세가 되기 전에 유치원이나 놀이방 또는 어린이집에 다니는 아이들이 많다. 5세 미만 아이들의 60%가 조기교육을 받고 3세 아이들의 90%와 4세 아이들의 98%가 조기교육을 받는다.

초등학교 수업은 대체로 오전 9시에 시작해 오후 3시에 끝난다. 고등학교는 그보다 더 일찍 시작하고 더 늦게 끝난다. 학년은 2월부터 12월까지 4학기로 구성되며, 각 학기는 10주 정도다. 초등학교의 여름방학 기간은 약 5주 반이고, 고등학교는 6주 반 정도다. 가을방학, 겨울방학, 봄방학 기간은 2주다.

공립 초등학교와 중학교는 남녀공학이고, 대부분의 고등학교도 마찬가지다. 공립학교는 학부모들이 선출하는 이사들이 운영한다. 초등학교는 1학년부터 6학년, 중학교는 7학년부터 8학년, 고등학교는 9학년부터 13학년까지 있다. 일부 학교에서는 중학교 과정이 초등학교 과정이나 고등학교 과정과 결합되기도 한다. 마오리족의 경우 18세까지 학교를 다니는 학생들이 비교적 적다. 대다수 마오리족은 국가 교육제도의 틀 안에서 교육을 받지만, 마오리 문화와 전통 가치를 중시하고 마오리어를 보존하고자 애쓰는 자유학교를 다니기도 한다.

준사립학교와 사립학교도 있다. 준사립학교는 국가가 세속 교육제도를 확립한 1877년 이후 등장했다. 예를 들어 로마 가톨릭교회는 독자적인 학교제도를 마련했고, 오늘날 그 독특한 학교제도는 국가 교육제도에 통합되었지만, 입학의 문호를 열어두는 한 독자적인 특성을 유지할 수 있다. 주로 교회가 설립한 사립학교는 국가 교육제도에 통합되지 않은 채 독립성을 유지하고 독자적인 이사회에 의해 운영된다. 학생들에게 수업료를 받는 교육기관으로서 사회적 영향력이 막강한 사립학교도 많다(물론 사립학교도 일정 부분 정부 자금을 지원받는다).

뉴질랜드에는 38개의 고등교육기관이 있다. 여기에는 8개의 대학교, 23개의 공과대학 및 산업기술대, 4개의 사범대학, 3개의 마오리족 교육기관인 와낭아wananga가 포함된다. 와낭아에서는 석사학위 수준의 다양한 고등학문을 배울 수 있지만 마오리 문화의 영향이 배어 있다. 순수학문보다 직업 및 기술교육에 치중하는 와낭아도 일부 있다. 특정 산업 부문과 관련한 내용을 교육하는 기관도 46개 있고, 영어 학원을 비롯한 사설교육기관도 약 900개 정도 있다.

대학교 과정은 공립학교의 학사일정에 따라 4학기로 구성

된다. 학년은 1월 말에 시작되어 12월 중순에 끝난다. 교원양성은 사범대학뿐 아니라 일부 대학교, 공과대학, 산업기술대, 사설 교육기관에서도 이뤄진다. 대학생들은 국가의 지원 덕분에 학비의 일부분만 부담하지만, 학자금 대출도 이용할 수 있다. 외국 학생들, 특히 동남아시아 출신 학생들 대상의 교육은 뉴질랜드의 주요 수출 소득원으로 자리 잡았다.

국가공인 학력인증고사[NCEA]는 고등학교 졸업시험이다. 국가공인 학력인증고사는 고등학교 과정의 마지막 3년 동안 단계에 따라 매년 응시할 수 있다. 이 시험은 필요한 학점을 모두 이수해야 합격할 수 있다. 예를 들어 대학 입학이 가능한 최소 학점은 42학점이다. 국가공인 학력인증고사 도입을 둘러싼 논쟁도 있었다. 두 가지 평가 기준, 즉 단위 기준과 성취도 기준이 약간의 혼란을 초래한 데다 '통과', '우수', '최우수' 같은 등급의 범위가 너무 막연한 것으로 보이기 때문이다. 자칫 자격을 갖추지 못한 학생들이 시험을 통과할 우려가 있는 것도 사실이다. 따라서 여러 사립학교는 국가공인 학력인증고사뿐 아니라 영국의 에이[A] 레벨이나 국제공통대학입학자격도 채택하고 있다.

상점과 은행

뉴질랜드에서 상점의 영업시간은 다양하지만, 대체로 월요일부터 토요일까지 오전 9시에 문을 열고 오후 5시에서 5시 30분 사이에 문을 닫는다. 비교적 규모가 큰 도시의 상점은 영업시간이 더 길고, 일요일에도 일정 시간 문을 연다. 일부 슈퍼마켓은 오후 8시까지 영업하기도 하며, 24시간 영업하는 슈퍼마켓도 있다. 관광객을 대상으로 하는 상점 중에는 매일 문을 여는 곳도 많다. 그런 상점은 대체로 영업시간도 길다. 최근 슈퍼

마켓을 찾는 소비자들이 점점 늘어나고 있지만, 직장인 손님을 위해 주말과 저녁에도 영업하는 식료잡화점이나 편의점은 아직 건재하다.

은행은 보통 월요일부터 금요일까지 오전 9시 30분에 문을 열고 오후 4시 30분에 닫는다. 뉴질랜드의 금융제도는 선진적이라 대부분의 상점에는 현금자동입출금기와 판매대금자동결제망이 설치되어 있다. 네 자리 비밀번호를 갖고 있는 외국인들은 외국 신용카드로 뉴질랜드 현지의 현금자동입출금기를 이용할 수 있다. 신용카드는 뉴질랜드 전국에서 사용할 수 있다. 하지만 소규모 상점에서는 신용카드 결제 설비가 없을 수

있으며, 최소 구매액을 설정해둔 상점도 있을 것이다.

뉴질랜드는 특매품의 나라로 유명하다. 특매품의 중심지는 슈퍼마켓이다. 특매품 판매기간이 임박하면 육류를 비롯한 여러 품목이 더 싸게 팔린다(아직 할인판매 대상이 아닌 품목의 판매기간도 확인하는 것이 좋다). 맥주와 포도주의 특판 행사도 가끔 진행된다. 생선처럼 상하기 쉬운 상품도 특매품으로 팔린다. 신선도가 생명인 초밥집 같은 곳에서는 영업이 끝날 무렵 상품을 반값에 팔기도 한다. 뉴질랜드의 광고법은 엄격하기 때문에 상품의 표시 가격과 실제 가격이 일치해야 한다. 물건 값은 일반적으로 흥정할 수 없지만, 일부 소매점에서는 다른 상점과의 경쟁 때문에 전자제품 같은 품목의 경우 값을 할인해주기도 한다. 특히 몇 가지 상품을 한꺼번에 구입하는 고객에게는 할인을 잘해준다.

모든 상품과 서비스에는 15%의 부가가치세가 적용된다. 부가가치세는 특정 품목의 표시 가격에 포함되어 있다. 외국인들은 부가가치세를 나중에 환급받을 수 없다. 뉴질랜드 현지 공급업자가 고가의 구입품을 외국인의 집주소로 배송할 경우 부가가치세를 부과하지 않기 때문이다.

텔레비전을 비롯한 대중매체

1922년 뉴질랜드에서 라디오 방송이 시작되었다. 텔레비전은 1960년에 도입되었고, 컬러텔레비전 방송은 1970년대에 시작되었다. 1970년대에는 각 지역의 정서가 반영된 프로그램, 특히 연속극과 주부 대상의 애정극이 방영되었다. 1980년대에는 규제완화 정책에 힘입어 라디오와 텔레비전 방송국의 수가 늘어났다. 현재 두 개의 공영 라디오 방송국을 포함한 200개 이상의 라디오 방송국과 시청료가 무료인 세 개의 공영 텔레비전 채널이 있다. 대다수 호텔과 모텔에서는 텔레비전을 통해 국영 채널과 지역 채널을 시청할 수 있으며, 일부 호텔과 모텔에서는 스카이 네트워크를 시청할 수 있다. 스카이 네트워크 서비스는 가입자에 한해 이용할 수 있다. 정부 자금으로 운영되는 마오리 텔레비전은 2004년 방송을 시작했고, 지역 뉴스를 담당하는 텔레비전 방송국이 전국 곳곳에 있다.

시청료가 무료인 디지털 텔레비전과 디지털 라디오는 위성을 통해 전국 각지에서 이용할 수 있다. 프리뷰 UHF 방송은 뉴질랜드 인구의 75%가 이용할 수 있는 고화질 디지털 지상파 텔레비전 서비스로 정부가 제공하는 주파수 대역에 따라 DVB-S 표준과 DVB-T 표준을 이용한다. 뉴질랜드인들은 디지털 텔레비전의 도입으로 큰 혜택을 입었다. 과거에는 뉴질랜드 특유의 만만찮은 지형 때문에 텔레비전 수신 상태가 좋지 않았다. 디지털 방송 서비스가 도입됨에 따라 아날로그 방송 서비스는 2013년 종료되었다.

21개의 마오리 방송국과 한 개의 공영 마오리어 통신사를 비롯한 민간 라디오 방송국도 매우 많다. 태평양제도 사회와 특정 이민자 및 지역 공동체도 독자적인 방송을 시작했다. 정부는 내셔널 라디오, 콘서트 FM, 라디오 뉴질랜드 같은 채널과

의회 전용 방송망을 보유하고 있다.

텔레비전과 라디오 프로그램 목록은 매일 신문과 인터넷에 공지된다. 요즘 들어 토크쇼가 유행하고 있고, 시청자 전화 참여 방식의 뜨거운 토론 내용을 진행한 몇몇 방송인들은 이 분야에서 유명해졌다. 이 응답식 라디오 프로그램에는 다양한 분야의 전문가들이나 정치인들과의 인터뷰가 포함된다. 인터뷰에 응하는 사람들은 누구나 그런 토크쇼의 영향력을 알고 있다. 외국인들이 라디오 토크쇼를 열심히 청취하면 뉴질랜드인들의 관심 사항이나 우선 사항에 대한 정보를 얻을 수 있다. 텔레비전에서도 최근의 시사문제를 다루는 프로그램이 방송된다. 하지만 주의해야 한다. 가끔 한 가지 뉴스를 며칠씩 계속 보도하기도 하고, 특정 뉴스와 조금이라도 관계있는 사람을 모두 인터뷰할 때도 있다.

뉴질랜드의 아이들은 텔레비전을 시청하는 시간이 많다. 하지만 최근에는 컴퓨터가 더 많이 보급되고 있어, 뉴질랜드의 다수 가정에서는 컴퓨터와 비디오 게임기를 쉽게 찾아볼 수 있다. 뉴질랜드인들은 인터넷에 익숙하고, 인터넷을 통해 예약하거나 상품을 구입할 때가 많다. 뉴질랜드의 우편 서비스는 무척 효율적이지만, 최근 전자우편을 이용하는 사람들이 크게

늘었다. 휴대전화도 많이 사용하는데, 사실 뉴질랜드는 세계에서 1인당 휴대전화 수가 가장 많은 나라에 속한다.

또한 뉴질랜드인들은 책도 많이 읽는다. 세계적으로는 도서판매량이 감소했지만, 뉴질랜드의 경우 영어권 국가 가운데 도서 판매량 감소폭이 가장 적은 나라다. 2012년 뉴질랜드의 도서판매량은 전년 대비 2.7% 감소했지만, 이웃나라인 호주는 10.4%나 줄었다.

귀화

그동안 뉴질랜드의 귀화 관련 법률이 많이 바뀌었다. 1986년까지 이민 정책은 국적과 출신 민족을 기준으로 삼았지만, 1986년 이후에는 국적이나 인종에 상관없이 학력, 직업, 사업, 연령, 기술 같은 요건에 초점을 맞췄다. 현재 이민자들은 기술과 사업, 가족관계, 인도주의적 이유 같은 세 가지 주요 범주에 따라 선별된다.

이민제도는 뉴질랜드에 필요한 사람들을 선택하는 방향으로 설계되었고, 덕분에 이민자들의 수를 효과적으로 관리할 수 있게 되었다. 요즘 이민자는 최소한의 영어 실력이 필요하고, 숙련 이민자와 사업 이민자의 경우 대학 입학이 가능한 수준의 영어 실력이 있어야 한다. 이민 신청자들은 연령, 자격증, 업무 경험, 고용 상태, 기술 희소성, 구인 조건 등에 따라 부여되는 점수를 통해 후보자 명단에 오른다. 신청자들은 건강과 성격도 좋아야 하고, 모든 의학적 진단서는 이민 신청서 제출 시점을 기준으로 최소 3개월 이전에 발부한 것이어야 한다.

현재 뉴질랜드 이민국은 더 엄격한 규정을 적용하고 있다. 따라서 후천성 면역 결핍증, 결핵, 입원이 필요한 정신장애, 상시 관리가 필요한 신체장애, 투석 요법이 필요한 증상 같은 곤란한 병력을 갖고 있는 사람은 뉴질랜드로 이민을 오기 어렵다. 현재의 이민 정책에 의하면 공공 의료 서비스의 잠재적 부담이 될 수 있거나 타인을 위협할 수 있는 신청자는 곤란하다. 따라서 이민국은 건강의 개념을 정의하는 상당한 재량권을 행사하고 있다.

그래도 숙련 이민과 비즈니스 이민 범주에 속하는 사람들,

특히 최소 100만 뉴질랜드 달러를 투자할 투자 이민 신청자들과 최소 1천만 뉴질랜드 달러를 투자할 투자 플러스 이민 신청자들, 뉴질랜드에서 사업에 성공하는 능력을 입증해야 하는 기업가들, 이전된 사업체의 직원들, 거주 기반으로서의 창업 기회가 주어진 사람들에게 뉴질랜드는 매력적인 곳이다. 이 범주에 속하는 사람들은 대체로 신규 이민자들의 60%를 차지한다.

가족 초청 이민 범주에 속하는 사람들(일반적으로 초청자의 배우자와 자녀)은 전체 이민자의 30%에 해당하며, 인도주의 범주에 속하는 사람들이 나머지 10%를 차지한다. 인도주의 이민자들에게는 특별 방문권이 부여된 태평양제도 사람들과 난민이 포함된다. 2015년 현재 이민자들의 5대 출신 국가는 인도, 중국, 필리핀, 영국, 독일이었다.

시민권을 획득하려면 지속적인 거주 의사를 지닌 영주자여야 하고(집이나 사업체를 소유해야 한다는 의미) 훌륭한 성품을 갖춰야 하며, 영어를 구사할 수 있어야 하고 뉴질랜드 시민의 책임과 권리를 이해하고 있어야 한다. 시민권 수여식에는 꼭 참석해야 하는데, 시민권을 받아야 뉴질랜드 여권도 받을 수 있다.

05

여가생활

전반적으로 뉴질랜드인들은 여가를 길게 즐기지 못한다. 하지만 여가가 생길 때면 일반적으로 야외 활동을 선호하는 편이다. 뉴질랜드인들은 스포츠를 무척 좋아하는데 이들에게 낚시는 인기 있는 오락이다. 보트가 없거나 바다에 나갈 형편이 안 되는 사람들도 낚시를 즐긴다. 마을 한가운데를 흐르는 강도 훌륭한 낚시터다.

전반적으로 뉴질랜드인들은 여가를 길게 즐기지 못한다. 많은 사람들은 생계를 유지하기 위해 한 가지 이상의 직업을 갖고 있고, 때로는 수입을 늘리기 위해 자기 집 창고에서 소규모 수리 및 정비작업을 하기도 한다. 하지만 여가가 생길 때면 일반적으로 야외활동을 선호하는 편이다. 뉴질랜드인들은 스포츠를 무척 좋아하는데 이들에게 낚시는 인기 있는 오락이다. 보트가 없거나 바다에 나갈 형편이 안 되는 사람들도 낚시를 즐긴다. 마을 한가운데를 흐르는 강도 훌륭한 낚시터다. 소득 수준이 점점 높아진 뉴질랜드인들의 취향이 고급스러워지면서 식당과 포도주 양조장이 늘어났다. 집에서 여는 파티는 주로 부유한 사람들이 즐기고, 이때 자주 등장하는 메뉴는 바비큐다.

음식과 음료

뉴질랜드 요리의 뿌리는 초창기 영국 요리다. 그동안 뉴질랜드 요리는 크게 발전했다. 음식과 요리 방식은 세계 각국 출신의 이민자들에게 영향을 받으면서 수준이 높아졌고, 마오리 요리의 전통적인 요소는 식당과 주방에서 어엿한 표준으로 자리

잡았다. 뉴질랜드의 기후적 특성에 힘입어 당근, 완두콩, 꽃양배추 같은 영국의 전통적인 식재료뿐 아니라 가지, 애호박, 쿠마라('고구마'를 뜻하는 마오리어) 같은 채소도 이용할 수 있다. 여러 문화가 공존하는 주요 시장에 가보면 뉴질랜드 요리의 다양성을 실감할 수 있을 것이다. 그런 시장에서는 이국적이며 신선하고 저렴한 온갖 식재료를 살 수 있을 뿐만 아니라 심지어 미리 맛볼 수도 있다. 특히 사우스 오클랜드의 오타라 시장과 오클랜드 서쪽에 있는 아본데일의 일요 시장은 가볼 만한 곳이다. 그 두 시장에서는 마오리족을 비롯한 여러 민족 고유의 다양한 채소를 구경할 수 있다.

1만 5,000km 이상의 해안선과 영해 수역을 자랑하는 뉴질랜드는 수산업이 발달했다. 비아덕 하버에 위치한 대형 수산시장인 오클랜드 수산시장에서는 뉴질랜드 전역에서 모인 해산물을 판매하고 있다. 물퉁돔, 전갱이, 테라키히, 참치가 보이고, 커다란 수족관에는 살아있는 가재와 홍합이 가득하다. 뉴질랜드는 특별한 어종인 이낭아inanga의 세계 3대 서식지 중 하나다(나머지 서식지는 남아메리카의 파타고니아와 호주 남부 해안이다). 남섬과 북섬 모두에서 볼 수 있지만 남섬의 몇몇 만에서만 산란하는 이 작은 제철 생선은 꼭 맛봐야 한다. 이낭아는 9월

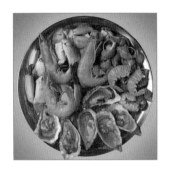

초순에서 11월 중순 사이에 잡힌다. 뉴질랜드에서 비교적 많이 눈에 띄지 않는 코우라, 즉 민물가재는 오타고 내륙 지역에서 양식된다. 굴, 특히 블러프 굴은 품질이 좋기로 유명하다. 블러프 굴은 별미로 통하며, 정해진 연간 할당량에 맞게 3월부터 6월이나 7월까지 채취한다. 블러프 굴은 남섬과 스튜어트섬을 가르는 포보 해협의 차가운 바닷물에서 자란다. 그 절묘한 풍미는 매년 5월 열리는 블러프 굴 축제에서 마음껏 즐길 수 있다. 슈퍼마켓에서는 신선한 조개를 파는데, 슈퍼마켓 직원들은 항상 신선한 것과 냉동된 것을 구별하는 법을 알려준다.

　뉴질랜드 양고기는 국제적으로 인정받고 있다. 소고기도 품질이 좋고, 북섬의 와이라라파 지역은 특히 고품질의 육류로 유명하다. 농장에서 키운 사슴 고기, 즉 서비나는 색다른 것을 찾는 사람들 사이에서 인기를 끌고 있다.

비교적 규모가 있는 도시에서는 주말에 제철 농산물을 파는 시장이 열린다. 주말 농산물 시장이 열리는 대표적인 도시는 호크스베이 지방의 네이피어와 헤이스팅스다. 두 도시의 주말 농산물 시장에서는 봄에는 딸기와 아스파라거스를, 여름에는 베리와 핵과, 가을에는 아보카도와 올리브유, 겨울에는 감귤을 찾아볼 수 있다. 그 밖에 흥미로운 과일로는 페이조아를 꼽을 수 있다. 페이조아는 대부분 플렌티만에서 자라며 독특한 향이 있다. 주로 날것으로 먹을 수 있고, 과일 샐러드에 섞어 먹기도 한다. 또한 껍질을 벗겨 마누카 꿀을 발라 익혀 먹거나 맛있는 잼과 서남아시아의 매운 양념인 처트니로 만들 수도 있다. 남아메리카가 원산지인 토마토나무의 열매는 식당의 인기 메뉴이기도 하다.

뉴질랜드에는 허브가 풍부한데, 최근에는 이들 허브의 유기 재배가 크게 늘고 있다. 마오리족의 전통 허브로는 피코피코와 호로피토를 들 수 있다. 피코피코는 유럽과 미국의 고비풀과 비슷한 고사리잎이다. 야생 후추 잎인 호로피토는 구운 생선에 곁들여 먹으면 맛있고, 샐러드 양념의 재료로도 쓰인다.

뉴질랜드의 치즈 산업은 급성장했다. 치즈의 종류가 워낙 많아 소비자들은 행복한 고민에 빠진다. 카피티 치즈는 다양한 제품으로 유명한데, 여전히 뉴질랜드 최고의 특제 치즈 중 하나로 통하고 지금까지 여러 개의 식품상을 받았다. 크림 같은 키코랑이, 부드럽고 하얀 코투쿠와 카망베르, 숙성과 훈제를 거친 카피티 체다 치즈, 외피를 씻은 치즈 카피티 브릭 등을 꼭 한번 맛보기 바란다. 여러 치즈 전문 제조업체들은 염소와 암양의 젖을 이용해 신제품을 만들어내고 있다.

언제나 뉴질랜드인들에게 사랑받는 디저트인 파블로바도 놓치지 말아야 한다. 파블로바를 참고해 만든 디저트도 많다 (파블로바가 탄생한 곳이 호주인지 아니면 뉴질랜드인지는 분명하지 않다). 기본 조리법은 머랭과 비슷하다. 겉은 바삭하고 가운데는 부드러운 마시멜로가 있다. 맨 위에는 거품을 낸 크림과 키위, 딸기, 시계풀의 열매 같은 과일을 얹는다.

누구나 즐기는 안작 비스킷도 빼놓을 수 없다. 안작 비스킷은 귀리와 당밀로 만드는데, 맛이 담백하고 조금 딱딱하다. 이 비스킷은 원래 제1차 세계대전 때 호주 뉴질랜드 연합군단 병사들을 위해 만든 것이다.

뉴질랜드에는 농축산물, 수산물, 임산물 등과 더불어 다양한 종류의 식품이 크게 늘어났다. 2,000개 이상의 식품회사가 매일 국내시장과 국제시장을 겨냥한 고급식품을 생산하고 있

• 뉴질랜드에서 가장 권위있는 에드먼즈 요리법 •

1908년, 에드먼즈 '슈어 투 라이즈' 베이킹 파우더를 만들어낸 기업가 토머스 에드먼즈가 50쪽 분량의 소책자를 출간했다. 여기에는 토머스 에드먼즈의 회사에서 판매하는 제품을 이용한 실속 있는 요리법이 담겨있었다. 신문을 통해  약혼을 발표한 연인들은 무료 증정본을 받았다. 서면으로 신청한 주부들도 증정본을 받았다. 이 책은 지금까지 330만 권 이상이 팔렸으며, 오늘날 거의 모든 뉴질랜드인이 소장하고 있다. 지금은 부모 곁을 떠나 독립하는 사람들에게 이 책을 선물하는 것이 뉴질랜드의 전통으로 자리 잡았다.

다. 뉴질랜드의 청정 및 녹색 이미지와 일맥상통하는 중요한 사실은 다수의 식품회사가 유기재배 인증을 받았다는 점이다.

【 포도주 】

오늘날 뉴질랜드의 음주 문화는 예전보다 훨씬 세련미를 갖췄다. 20세기까지는 맥주가 확실한 국민 음료였다. 1인당 연간 포도주 소비량은 한 병에 미치지 못했지만, 증류주는 3리터, 맥주는 34리터였다. 음주 성향은 1990년대를 거치면서 바뀌었고, 오늘날 1인당 연간 포도주 소비량은 약 21리터에 달한다.

뉴질랜드에 포도나무를 처음 심은 것은 1819년의 일이다. 이후 포도주 양조장의 수가 크게 증가했고, 2013년의 포도주 양조장은 총 698개에 이르렀다. 국제적 기준으로 볼 때 뉴질랜드의 포도밭은 크기가 작지만, 포도주는 이제 주요한 수출품으로 자리 잡았다.

다양한 기후와 토양 덕분에 뉴질랜드에서는 소비뇽 블랑, 리슬링, 샤르도네, 메를로, 카베르네 같은 다양한 포도주가 생산된다. 물론 뉴질랜드의 명성을 드높인 것은 소비뇽 블랑, 특히 남섬의 말버러 지방에서 생산된 포도주다. 지난 몇 년 동안 뉴질랜드의 적포도주 피노 누아르가 국제시장에서 각광을 받고 있다. 피노 누아르가 생산되는 오타고 내륙 지역은 비교적 밤이 시원하고 일조량이 풍부한 곳이다.

뉴질랜드에서는 현지의 포도주를 마셔보기 바란다. 규모가 작은 식당에서도 최상품의 포도주를 맛볼 수 있다. 가격 부담 때문에 병째로 주문하기 어려우면 잔 단위로 주문해도 된다.

국제적 경쟁력을 갖춘 또 다른 포도주로는 슈냉 블랑, 게뷔르츠트라미너, 피노 그리,

카베르네 프랑, 말벡, 시라 등을 꼽을 수 있다. 포도주 전문 양조장도 많이 생겼다. 오클랜드 동쪽 와이헤케섬에는 여러 개의 포도주 전문 양조장이 들어서 있고, 워크워스 주변 지역도 마찬가지다.

웰링턴 인근 지역인 와이라라파의 포도주 마을인 마틴버러에서는 해마다 포도주 축제가 열린다. 축제가 시작되면 버스가 이 마을 주변을 돌아다니면서 승객들을 여러 양조장으로 안내한다. 큰 인기를 끌고 있는 이 축제는 일종의 사교행사로 발돋움했고, 행사가 시작되기 오래전 표가 매진될 정도다.

슈퍼마켓에서는 특매품을 자주 판매하지만, 중급 포도주의 가격은 병당 15뉴질랜드 달러 정도일 것이다. 친구네 집을 방

문할 때는 15뉴질랜드 달러 이하의 포도주를 갖고 가는 것이 좋다. 뉴질랜드인들은 포도주 가격으로 사람을 판단하지 않을 것이다. 그러나 호주산 포도주는 가지고 가지 말기 바란다. 뉴질랜드인들은 칠레산, 헝가리산, 프랑스산 포도주는 싫어하지 않지만, 태즈먼해 건너편의 이웃을 너무 가까운 경쟁자로 여긴다. 뉴질랜드에서 포도주를 일상적으로 즐기는 것은 비교적 부유한 사람들에게 국한된 일이다. 일반적인 뉴질랜드인들은 아직도 맥주를 더 선호한다.

뉴질랜드에는 금주구역이 있다는 점을 유념하기 바란다. 금주구역에서는 알코올 음료를 마시지도 심지어 갖고 다니지도 못한다. 특정 시간의 도심지와 해안지대 같은 장소, 특히 여름 휴가철의 휴양지에서는 음주가 금지된다. 금주구역에서 술을 버리라는 경찰의 요구에 응하지 않으면 체포될 수도 있다.

일부 지역의 수돗물은 강물을 끌어와 염소로 살균한 것이지만 마셔도 안전하다. 뉴질랜드의 대표적인 청량음료인 L&P(레몬 앤드 파에로아)를 마셔도 된다. L&P는 원래 파에로아 지역의 샘물로 만들었던 레모네이드형 음료다.

외식

뉴질랜드에는 다양한 민족의 음식을 맛볼 수 있는 식당이 많다. 비교적 익숙한 프랑스 식당과 이탈리아 식당은 물론 일본 식당, 베트남 식당, 한국 식당도 있다. 새로운 풍미와 음식, 특히 아시아 요리가 퓨전 요리나 환태평양 지역의 요리와 경쟁하고 있다.

짭짤한 파이는 아마 뉴질랜드인들이 가장 좋아하는 음식일 것이고, 생선튀김과 감자튀김이 그 뒤를 잇고 있다. 뉴질랜드의 식당은 다른 나라의 식당에 비해 장식과 분위기 면에서는 부족한 점이 있다. 고급 식당도 분위기가 신통치 않을 수 있고, 평범한 카페 같은 느낌이 들 수도 있다. 초밥집은 인기가 많아 대부분의 도시에는 초밥집이 있다.

건강한 식습관에 대한 인식이 높아지고 있지만 즉석식품 판매점이 무척 많아졌다. 저렴한 음식을 제공하는 즉석식품 판매점은 주로 경제적 여유가 없는 사람들에게 인기가 있고, 복지수당이 지급되는 목요일에는 즉석식품 매출이 급증한다.

생각보다는 가격이 저렴하지 않지만 생선 요리도 괜찮은 음식이다. 가장 많이 잡히는 생선인 물퉁돔은 아마 비싼 생선

가운데 하나일 것이다. 초록입홍합은 살이 통통하고 즙이 많으며, 유럽산 홍합보다 더 크다. 전복(파우아)도 인기가 있는데, 특히 튀김이나 회로 많이 먹는다. 오클랜드, 특히 비아덕 하버에는 뉴질랜드 최고의 제철 식당이 몇 군데 있고, 웰링턴에는 국제적인 감각이 돋보이는 식당이 많다.

외식을 할 때 복장은 격식을 따지지 않는 편이다. 단정한 차림이면 대부분의 식당을 이용할 수 있지만 극소수 식당에서는 정장 차림이 필요하다. 뉴질랜드는 1990년부터 공공장소에서의 흡연이 제한되었으며 2004년에는 금연 조치가 주점과 식당에도 적용되었다. 그러나 최근 주점에는 지붕이 달린 야외 흡연구역이 생겨나고 있다.

【 주류 반입 가능 】

호주처럼 뉴질랜드에서도 많은 식당에 술을 갖고 들어갈 수 있다. 식당 창문과 광고문에는 주류 반입 가능 여부가 표시되어 있다. 주류 판매 허가를 받은 대다수의 식당에는 술을 갖고 들어갈 수 있지만, 외부에서 반입한 술에 대한 요금이 따로 청구된다. 요금 부과 방식이 다양하기 때문에 미리 확인하는 편이 좋다. 주류 반입을 금지하는 고급 식당도 있다.

【 마오리 요리 맛보기 】

과감한 방문객이라면 마오리 요리도 즐길 것이다. 특히 로토루아 지역에서 열리는 마오리족의 야간 공연에서는 마오리 전통 음식을 맛볼 수 있다. 대부분의 방문객들은 항이^{hangi}를 즐기는데, 항이는 구덩이를 화덕으로 이용하는 폴리네시아의 관습에서 유래한 요리 방식이다. 땅속에 뜨거운 돌을 넣은 뒤 육류, 생선, 채소, 조개 등을 양배추 잎으로 감싸고 그 위에 흙을 덮어 익힌다. 익히는 데는 몇 시간이 걸리고, 완성된 음식에서는 보통 즙이 많이 나온다. 익히는 시간을 적절히 조절하는 것이 관건이다. 로토루아 지역의 마오리족은 뜨거운 물이 고여 있는 웅덩이를 이용해 식재료를 삶기도 한다. 물냉이와 비슷한 푸하도 별미다. 마오리족은 푸하를 돼지 뼈, 감자와 함께 끓여 영양 만점의 겨울 음식을 만든다. 이 음식을 마오리 빵인 레웨나와 곁들이면 맛있다. 소스와 양념도 특이하다. 과거 특히 사랑받던 새콤한 맛과 달콤한 맛이 섞인 소스는 타화라, 키에키에, 투투 같은 몇 가지 산나물 즙과 자홍색 베리, 복숭아, 양파, 고구마와 감자, 돼지머리, 돼지기름을 섞어 만든 것이다.

마오리족의 또 다른 식품 공급원은 슴새과에 속하는 흑갈색 슴새다. 이 새의 구어체 명칭은 양고기새다. 양고기새라는 이름은 초기 유럽 출신 정착민들이 이 새를 소금에 절여 저장한 데서 비롯되었다. 기름기가 많은 이 새는 절인 양고기와 비슷한 맛이 났다. 이 새의 살코기는 요즘 대형 슈퍼마켓에서 생선과 함께 진열되어 있다.

【 커피숍 문화 】

뉴질랜드는 커피숍의 나라이고, 아무리 작은 도시라 해도 커피숍을 찾아볼 수 있다. 뉴질랜드는 세계에서 1인당 커피 로스팅 기계 보유 대수가 가장 많은 나라로, 그만큼 사람들은 함께 모여 커피를 자주 마신다. 도시의 커피숍과 농촌의 커피숍

· 플랫 화이트 ·

뉴질랜드는 전 세계 커피 애호가들 사이에서 '플랫 화이트'가 탄생한 곳으로 주
목받았다. 뉴질랜드 바리스타들에 의하면 플랫 화이트는 우유의 거품이 적고
커피의 질감이 느껴지는 음료다.

은 다르다. 도시의 커피숍에서는 더 다양한 종류의 커피를 즐
길 수 있다. 뉴질랜드에서 커피숍은 훌륭한 사교 공간이다. 손
님들은 커피를 주문할 때 행복한 고민에 빠진다. 커피의 종류
가 워낙 다양하고 품질도 매우 훌륭하기 때문이다. 차는 과거
의 독점적 지위를 잃은 듯하다.

【 식사 예절 】

공손한 식사법은 유럽의 관습을 따른다. 식사 시간 내내 나이
프는 오른손으로, 포크는 왼손으로 잡는다. 음식을 먹다가 잠
시 쉴 때는 포크와 나이프를 접시 위에 서로 엇갈린 모양으
로 올려둔다. 식사를 마쳤을 때는 나이프와 포크를 접시 한가
운데에 나란히 올려둔다. 이때 나이프의 뾰족한 부분이 위로

향하게 놓는다. 뉴질랜드인들은 초밥집을 자주 이용하는 편이기 때문에 젓가락도 능숙하게 사용한다. 일부 고급 식당에서는 웨이터가 남녀 한 쌍을 시중들 때 주로 남자에게 주문을 받고, 남자는 여자의 의사를 확인할 것이다. 그 밖의 상황에서는, 특히 대규모 파티에서는 웨이터가 모든 손님을 차례대로 시중들면서 여자 손님에게 먼저 주문을 받을 것이다. 하지만 식사와 관련한 엄격한 규칙은 없다. 뉴질랜드는 격식을 따지지 않는 느긋한 사회이기 때문이다.

· 팁 주기 ·

봉사료와 팁 항목은 영수증에 포함되지 않는다. 팁 주기는 뉴질랜드의 전통적인 관습이 아니다. 하지만 오클랜드 같은 주요 도시의 최고급 식당에서는 팁을 주는 일이 점점 흔해지고 있다. 팁은 음식 가격의 10%가 적당하다. 법정 공휴일에는 인건비를 부담하는 차원에서 추가 봉사료를 주는 것이 좋다.

식사 초대

대개의 경우 뉴질랜드인들은 외국인 방문객을 자기 집으로 선 뜻 초대하지 않겠지만, 만약 초대한다면 그 이유는 격의 없는 '바비큐 파티' 때문일 것이다. 고기를 적당량 가지고 가도 되고 포도주를 들고 가도 된다. 초콜릿과 꽃은 축하연 같은 더 형식 적인 행사에 들고 가는 편이 낫다.

각자 접시를 갖고 가는 저녁식사 자리에 초대받을 때가 있 을 것이다. 초대한 사람의 집에 접시가 모자라기 때문이 아니 다. 모든 참석자가 음식을 조금씩 들고 간다는 의미다. 초대한 사람에게 어떤 음식을 갖고 가면 좋을지 물어보기 바란다. 되 도록 다른 손님들이 가지고 오는 음식과 겹치지 않아야 하기 때문이다.

몇 가지 용어를 기억할 필요가 있다. 애프터눈 티는 오후 3시에서 4시 사이에 케이크와 과자를 차에 곁들여 먹는 간식 이다. 하지만 누군가 여러분에게 차를 마시자고 한다면 그것 은 대체로 저녁식사를 의미할 것이다. 뉴질랜드인들은 보통 저 녁을 일찍 먹는다(오후 6시에서 8시 사이에). 서퍼는 더 늦은 시간 에 먹는 간단한 야식을 가리킬 것이다.

쇼핑

뉴질랜드에는 15%의 부가가치세가 있다. 부가가치세는 대부분의 상품과 서비스에 부과되고, 일반적으로 별도의 설명이 없으면 상품 가격에 포함된다. 외국인들은 상품 구매에 부과된 세금을 나중에 환급받을 수 없다는 점을 명심해야 한다. 면세점에서의 쇼핑은 여권과 항공권을 제시할 때만 가능하다. 백화점이나 미술품 매매업체처럼 비교적 규모가 큰 고급 소매점은 외국인들의 집주소로 배송되는 고가의 소매품에 대해서는 부가가치세를 부과하지 않을 것이다. 물건을 구입하기 전에 부가가치세 부과 여부를 미리 확인하는 것이 좋다.

문화 관련 취미

주요 도시 이외의 지역에서는 쉽게 접할 수 없고 주로 고학력 고소득자들에게 사랑받지만, 연극, 오페라, 음악의 입지는 탄탄한 편이다. 여름에 오클랜드 도메인에서 열리는 '별빛 연주회'와 '공원 오페라' 공연은 많은 나들이객을 유혹하며 각계각

층의 사람들에게 사랑받고 있다. 그리고 성탄절 전 몇 주 동안 전국에서 열리는 촛불 성가 공연은 가족 단위 나들이객에게 적절한 행사다.

여러 가지 매체를 통해 뉴질랜드의 역사와 다양한 문화를 표현하는 음악, 문학, 미술, 공예는 뉴질랜드의 정체성에 있어 핵심적인 부분이다. 뉴질랜드에는 국립 오페라단, 국립 교향악단, 왕립 발레단이 있고, 각 지역에서도 오페라단과 교향악단, 발레단이 활동하고 있다.

1970년대부터 미술관과 극장이 크게 늘어났다. 예술적 업적을 치하하는 상과 신인들에 대한 보조금도 늘어났다. 뉴질랜드의 예술은 다양하고, 백인과 마오리족, 폴리네시아인의 유산이 뒤섞인 점을 반영하듯 혁신적 시도와 장인적 기교가 강조된다. 가장 최근에 뉴질랜드에 들어선 박물관 테 파파는 웰링턴에 있고, 자연환경에 대한 정보와 문화적 유산을 보존하기 위해 설립되었다. 럭비경기장 세 개 크기의 이 박물관은 수많은 전시물을 소장하고 있다. 더니든 미술관은 뉴질랜드에서 가장 오래된 미술관으로 최고의 미술관 중 하나로 꼽힌다. 소도시에서도 현지 예술가들이 출품하는 예술제가 정기적으로 개최된다. 정기 예술제에는 영화에서 실내악에 이르는 각종 예술 작품이 등장하고, 가장 유명한 예술제는 웰링턴에서 열리는 뉴질랜드 국제예술제다. 웰링턴에서는 1월과 2월 사이에 서머시티 축제도 열린다.

국제적인 명성을 자랑하는 뉴질랜드 예술가들도 많다. 오페라 가수인 키리 테 카나와, 화가인 프란시스 호지킨, 콜린 맥케언, 작곡가인 더글러스 릴번이 대표적인 예술가들이다. 전 세계 주요 문화행사에서 뉴질랜드 예술가들의 작품을 관람할 수 있다. 카바레 가수 겸 무용수인 미카는 자신이 이끄는 무용단인 토로토로와 함께 세계 곳곳에서 공연을 펼치고 있고, 지금까지 에든버러 공연 축제에 일곱 번 참가했다.

문학도 빼놓을 수 없다. 정착민의 삶과 마오리족의 삶에서 얻은 경험은 뉴질랜드 고유의 문학 발전에 기여했다. 마오리족은 아주 많은 문학작품을 선보이고 있다. 이야기는 마오리족 문화에서 중요한 역할을 차지한다. 노래 형태의 시가 모음집으로도 발표되었는데, 그중에서 특히 주목할 만한 작품은 아피라나 응가타가 편집한 〈응가 모테아테아Nga moteatea〉다. 시인인 호네 투화레와 소설가인 위티 이히마에라는 작품을 영어로 썼다. 단편소설가인 캐서린 맨스필드는 세계적으로 유명하고, 시인인 플뢰르 애드콕, 빌 맨하이어, 브라이언 터너, 소설가 자

넷 프레임, 모리스 지, 케리 흄, 알버트 벤트, 추리소설가인 나이오 마시도 마찬가지다.

케리 흄은 1985년 『태초의 사람들 The Bone People』로, 로이드 존스는 2007년 『미스터 핍 Mister Pip』으로, 엘리너 캐턴은 2013년에 19세기 뉴질랜드 금광지대에서 벌어진 사기극을 긴장감 있게 파헤친 『루미너리스 The Luminaries』로 각각 맨부커상을 받았다.

뉴질랜드 대중음악계는 오래전부터 왕성하게 활동해왔다. 대표적인 그룹으로는 스플릿 엔즈, 크라우디드 하우스, 플라이트 오브 더 콩코즈, 스트레이트재킷 피츠가 있다.

【 영화 】

피터 잭슨 경의 〈반지의 제왕〉 3부작과 〈호빗〉 3부작에 힘입어 뉴질랜드는 유명세를 타게 되었다. 두 작품에 앞서 제인 캠피언의 〈피아노〉와 리 타마호리의 〈전사의 후예〉, 〈웨일 라이더〉 등은 뉴질랜드인의 재능을 과시한 바 있다. 이렇듯 뉴질랜드 영화산업이 뒤늦은 출발점이었던 1920년을 뒤로하고 급성장한 것은 시간문제였을 뿐이다. 초창기에는 기록 영화가 주류를 이루었고, 1970년대까지 장편 극영화는 거의 제작되지 않았다. 1978년 뉴질랜드 영화진흥위원회가 설립되면서 영화제작사들이 재정적 지원을 받게 되었고, 1980년대에 들어서면서 영화산업이 크게 성장했다. 〈반지의 제왕: 왕의 귀환〉은 영화역사상 가장 빠른 속도로 10억 달러의 수익을 기록했으며, 아카데미상 후보에 오른 11개 부문에서 모두 수상했다.

러셀 크로, 샘 닐, 애나 패퀸, 라이스 다비, 케리 폭스 같은 배우들은 국제적으로 유명하다. 러셀 크로는 뉴질랜드에서 태어났지만, 호주인들이 자국의 배우로 여긴다.

영화 감상은 뉴질랜드인들이 즐기는 취미다. 영화는 극장에서도 보고, DVD나 인터넷 스트리밍 서비스를 통해서도 감상한다. 주요 도시에서는 영화 동호회와 정기적인 영화제를 찾아볼 수 있다. 뉴질랜드 국제영화제는 매년 하반기에 개최된다.

스포츠

스포츠는 뉴질랜드인들의 생활에서 필수적인 부분이다. 여기에는 온화한 기후의 영향이 크다. 뉴질랜드인의 74%가 적극적인 스포츠 애호가들이고, 매주 평균 2시간 30분을 신체활동에 할애한다. 낯선 땅을 개척해 정착한 역사를 감안할 때 어쩌면 당연한 일인지도 모른다. 초기의 정착민들은 숲을 개간하고 나무를 베고 농사를 짓고 토지를 개발하는 데 많은 시간을 보냈다. 오늘날 뉴질랜드인들은 해마다 9억 뉴질랜드 달러 이상을 스포츠 활동과 스포츠 관련 장비 및 서비스에 지출한다. 9억 뉴질랜드 달러는 총 가계지출의 2.4%에 해당한다. 스포츠와 레크리에이션 부문에 대한 정부의 자금 지원은 긍정적인 결과로 이어지고 있다. 정부는 중·고등학교에서 활동하는 스포츠 담당자들에게 수백만 달러를 지원하고 있다.

성인의 5분의 1과 5세에서 17세까지의 아이들 3분의 1은 스포츠클럽에 속해 있다. 뉴질랜드인들은 스포츠 관람도 좋아한다. 성인의 83%가 텔레비전으로 스포츠를 시청한다. 그 83% 중에서 90%는 남자들이다. 여자들도 이른 새벽 시간에 일어나 외국 대표팀과 겨루는 자국 대표팀을 응원한다. 뉴질랜드인들은 텔레비전으로 중요한 경기, 특히 럭비 경기를 함께 모여 시청할 때가 많다. 그리고 상대 국가 출신의 외국인을 초대해 함께 경기를 볼 수도 있다. 그런 자리에서는 정정당당한 태도와 선의의 장난이 뒤섞이기 마련이다. 뉴질랜드인들은 항상 외국인의 의견을 귀담아 들을 것이다. 사교 목적의 자리든 업무상 자리든 간에 스포츠는 어색한 분위기를 깨는 주제다. 만약 여러분이 스포츠와 관련한 흥미로운 내용을 말하면 그만큼 존중 받을 것이다. 또한 뉴질랜드 성인의 3분의 1 이상이 직접 스포츠 경기를 보러 간다는 사실에 주목하기 바란다. 스포츠 경기 관중의 숫자는 영화 관객보다 많다. 설령 스포츠를 즐기는 편이 아니어도 지난주 혹은 어젯밤에 열린 큰 경기에 대한 정보를 알아두면 좋다. 뉴질랜드인들은 여러분의 그런 관심을 좋아할 것이다.

【 종교 같은 럭비 】

뉴질랜드에서 럭비는 종교나 다름없다. 러시아의 유명 테니스 선수 안나 쿠르니코바는 뉴질랜드에 도착해 럭비 국가대표팀인 올블랙스를 어떻게 생각하느냐는 질문을 받고 "그게 뭐죠?"라고 대답했다. 게다가 전설적인 럭비선수 조나 로무에 관

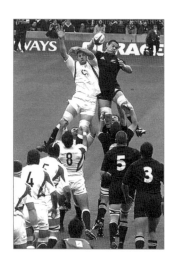

한 질문에는 "누구죠?"라고 반문하는 바람에 점수를 크게 잃었다. 럭비는 영국인들에 의해 뉴질랜드에 도입되었고, 현재 뉴질랜드의 국민 스포츠로 자리 잡았다. 뉴질랜드인들은 올블랙스가 경기에 지면 마치 나라를 잃은 것처럼 크게 실망하고, 럭비 협회 소속의 다른 남녀 대표팀이 패배해도 사정은 크게 다르지 않다. 오늘날 성인 남성의 11%가 직접 럭비를 즐기고, 여자들도 럭비를 한다. 여자 대표팀인 블랙펀스는 1998년, 2002년, 2006년, 2010년에 여자 럭비 월드컵에서 우승했다. 알아둘 만한 나머지 종목의 대표팀 이름은 블랙캡스(크리켓), 실버펀스(네트볼, 원래는 '여성 농구'로 알려진 종목), 블랙스틱스(하키), 톨블랙스(농구) 등이다. 마오리족과 태평양제도 사람들은 뉴질랜드 럭비에서 빼놓을 수 없는 자원이다. 뉴질랜드, 호주, 아르헨티나, 일본, 남아프리카공화국의 총 18개 팀이 우승을 다투는 슈퍼럭비 시리즈에는 경기마다 수많은 관중이 몰린다.

터치 럭비(럭비와 비슷하지만 럭비에 비해 신체접촉이 적어 안전한 스포츠-옮긴이)는 달리기와 패스가 필요한 사교적인 스포츠다. 여름철을 전후해 많은 회사와 사교클럽이 남녀 혼성팀을 이뤄 이 스포츠를 즐긴다.

축구는 5세에서 17세까지의 소년들 사이에서 점점 인기를 끌고 있다. 축구는 럭비보다 덜 위험하다고 여기는 부모들이 자녀들에게 권장하는 종목이기도 하다. 최근 럭비는 뉴질랜드 남성 사이에서 다섯 번째로 인기 있는 종목으로 전락했다. 스포츠 기자들과 럭비를 좋아하는 팬들은 이런 추세를 우려하고 있다.

【 그 외의 스포츠 】

뉴질랜드인들이 즐기는 스포츠는 영국에서 시작된 것이 많다. 예를 들어 크리켓은 19세기에 선교사들이 소개한 스포츠이고, 지금은 뉴질랜드에서 네 번째로 인기 있는 종목이다. 하지만 뉴질랜드를 방문한 외국팀과의 경기가 없으면 럭비만큼 많은 관중을 동원하지는 못한다. 크리켓 대표팀인 블랙캡스는 뉴질랜드의 적은 인구를 감안할 때 국내 무대에서 훌륭한 성적을 거뒀지만, 럭비에 비해 언론의 주목을 받지 못하는 것 같다.

• 페어플레이! •

1981년 뉴질랜드에서 경기를 치른 남아프리카공화국의 럭비팀 스프링복스를
언급하지 않고 뉴질랜드 럭비를 논할 수 없다. 당시 그 경기를 두고 뉴질랜드의
여론이 나뉘었고 지금도 뜨거운 논쟁거리로 남아있다. 대부분의 뉴질랜드인들
은 남아프리카공화국의 인종차별 정책에 반대했지만, 로버트 멀둔 총리는 스포
츠에 정치가 개입하지 말아야 한다는 이유로 경기 취소 요청을 거부했다. 그러
자 며칠 동안 시위가 벌어지면서 경찰이 개입했고, 많은 사람들이 체포되었다.
하지만 그 사건은 뉴질랜드에서의 인종차별 문제가 제기되는 기회가 되었다.

골프는 급성장하고 있는 스포츠로 인구의 4분의 1이 즐기
는 종목이다. 골프는 남자들 사이에서 가장 인기 있는 스포츠
이며, 여자들 사이에서는 두 번째로 인기가 높은 종목이다. 일
부 다른 나라와 달리 뉴질랜드에서 골프는 상류층의 전유물
이 아니다. 골프 회원권과 골프장 사용료가 비교적 저렴하기
때문이다. 뉴질랜드에는 400여 곳 이상의 골프장이 있으며, 인
구 대비 골프장 수가 가장 많은 나라에 해당한다. 물론 뉴질랜
드에서 골프는 타이거 우즈 같은 유명 선수들이 방문하는 경

우를 제외하고는 아직 많은 관중이 몰리는 스포츠는 아니다. 그래도 골프에 대한 관심이 늘어난 데는 세계 무대에서 성공한 마이클 캠벨의 공이 컸다.

테니스도 남녀 모두에게 인기 있는 스포츠다. 테니스는 남자들이 두 번째로 좋아하고 여자들이 세 번째로 좋아하는 종목이다. 곳곳에 테니스 동호회가 있고, 동호인들은 날씨에 구애받지 않고 테니스를 즐긴다.

여성 스포츠의 경우 선수 규모와 관심도 측면에서 볼 때 네트볼이 가장 인기가 높은 종목이다. 네트볼 경기는 텔레비전을 통해 자주 방송된다. 국가대표팀인 실버펀스가 2006년과 2010년 영연방 경기대회에서, 그리고 2003년 월드컵 대회에서 우승하면서 네트볼의 인기가 높아졌다.

하키도 남녀 모두에게 사랑받는 스포츠다. 최근에는 농구가 10대 청소년들과 20대 초반의 청년들 사이에서 인기를 끌고 있다. 스키와 스노보드를 즐기는 사람들도 많다. 세계적 수준의 스키장으로 유명한 남섬의 퀸스타운은 특히 호주의 스키 애호가들에게 인기가 높은 곳이다. 17개의 상업 스키장 가운데 가장 큰 두 개의 스키장인 화카파파 스키장과 투로아 스키장은 북섬의 루아페후산에 있다. 이 두 스키장은 오클랜드와 웰링턴 시민들이 겨울철 주말에 자주 찾는 곳이다.

익스트림 스포츠도 인기가 있다. 모든 익스트림 스포츠의 출발점은 아마 번지점프일 것이다. 오늘날 번지점프는 흥분과 공포를 동시에 맛보려는 사람들이 선호하는 스포츠다. 번지점프의 창시자는 크리스 시글코와 A. J. 해킷으로 두 사람은 1986년 오클랜드 하버 브리지에서 최초로 번지점프에 성공했다.

뉴질랜드에서 시작된 또 하나의 스포츠는 제트보트 경기다(제트보트는 1954년 윌리엄 해밀턴이 유속이 빠르고 수심이 얕은 뉴질랜드의 강에서 활용하기 위해 고안한 보트다). 짜릿한 모험을 즐기려면 특히 아일랜즈만 인근의 여러 섬이나 퀸스타운 지역의 여러 강을 둘러보면 된다.

【 올림픽 종목 】

뉴질랜드는 올림픽 스포츠 분야에 공헌해왔지만, 인구가 너무 적기 때문에 성적이 그리 좋지는 않았다. 존 워커와 피터 스넬 같은 육상선수들은 여전히 국민적 영웅이다. 반면 육상 경기에서 최초로 금메달을 딴 여자 선수 이베트 윌리엄스는 그리 유명하지 않다. 그녀는 1952년 올림픽 멀리뛰기에서 우승했고, 영연방 경기대회에서 네 차례나 금메달을 땄다. 최근의 올림픽 대회에서는 윈드서핑, 조정, 카누, 승마, 사이클, 요트 같은 종목에서 좋은 성적을 올리고 있다. 뉴질랜드는 2012년 런던올림픽에서 13개의 메달(금메달 6개, 은메달 2개, 동메달 5개)을 획득했다. 당시 뉴질랜드의 인구 대비 메달 순위는 경쟁국인 호주보다 훨씬 앞섰다. 인구 1백만 명당 메달 개수에 따라 순위를 매겼을 때 뉴질랜드는 4위, 호주는 13위, 영국은 23위였다. 요트

경기는 아마 뉴질랜드가 가장 두각을 나타내는 종목일 것이다. 요트 타기는 많은 뉴질랜드인들 즐기는 취미이기도 하다.

뉴질랜드는 아메리카스컵 대회에서 1995년과 2000년에 우승했으며(2003년에는 준우승에 그쳤다), 버뮤다에서 열린 2017년 아메리카스컵 대회에서도 우승했다.

주요 행사

뉴질랜드에서는 해마다 축제, 스포츠 행사, 음악회, 전시회, 품평회, 공연, 봄과 겨울의 축하연 같은 다양한 행사가 열린다. 다음은 뉴질랜드에서 열리는 대표적인 행사의 목록이다. 지역 행사 목록이나 여러분이 특히 관심 있는 축제 또는 공연 목록은 해당 지역의 여행안내정보센터에 문의하기 바란다.

1월/2월   서머시티 축제. 웰링턴 전역에서 열리는 문화 축제

2월   말버러 포도주 축제

2월(짝수 해마다)   웰링턴에서 열리는 뉴질랜드 국제예술제. 국내외의 문화 프로그램과 다양한 문화 행사

3월   매스터턴에서 열리는 골든 시어즈 양털 깎기 대회

3월   오클랜드에서 열리는 퍼시피카 축제. 주제는 태평양제도 공동체의 음악과 음식, 무용이다.

3월(2년마다)   테 마타티니 전국 카파 하카 축제는 뉴질랜드 최고의 향토 문화 행사이자, 세계 최대 규모의 마오리족 전통 공연예술제다.

3월/4월(2년마다)   워버즈 오버 와나카 국제 에어쇼

5월 블러프 굴축제

5월~6월(3년마다) 볼보 오션 레이스

9월 노스랜드 카우리 축제. 카우리 소나무와 관계있는 모든 것을 예우하는 축제다. 다가빌 지역의 카우리 소나무 숲 주변에서 다양한 행사가 열린다.

10월 카이코우라 축제는 카이코우라, 말버러, 노스캔터베리 지역의 해산물을 주제로 열리는 축제

10월 HSBC 코스탈 클래식. 오클랜드에서 출발해 러셀에 도착하는 클래식 요트 경주 대회. 뉴질랜드에서 가장 규모가 크다.

11월 크라이스트처치에서 열리는 캔터베리 쇼 위크. 가족들이 함께 즐길 수 있는 농업박람회다.

11월 헌터스 가든 말버러. 뉴질랜드 최고의 원예 행사

휴식

뉴질랜드인들은 휴가 여행을 좋아한다. 성탄절과 부활절 전후 같은 휴가철에 뉴질랜드를 방문할 예정이라면 그보다 훨씬 전

에 계획을 짜야 한다. 숙소, 특히 저렴한 숙소는 일찌감치 예약이 끝나기 때문이다. 여왕 탄생일, 노동절, 건국기념일, 현충일 등의 공휴일도 미리 점검할 필요가 있다. 공휴일을 이용해 긴 연휴를 즐기려는 사람들이 많기 때문이다. 휴가철에는 뉴질랜드 국내 항공편과 렌터카도 서둘러 예약해야 한다.

뉴질랜드의 겨울은 습하고 흐리고 춥기 때문에 많은 뉴질랜드인들이 더 따뜻한 곳을 찾아 호주의 동해안으로 떠난다. 퀸즐랜드 지방의 브리즈번 남쪽에 있는 골드코스트가 인기 있는 지역이며, 선샤인코스트 지역의 누사도 마찬가지다. 현지에서 이용할 수 있는 항공편, 숙소, 식사를 포함하는 패키지여행 상품이 많다.

뉴질랜드인들은 피지, 라로통가, 아이투타키, 타히티, 바누아투, 사모아, 통가 같은 열대지방의 섬도 좋아한다.

06

여행과 건강,
그리고 안전

뉴질랜드는 농업 의존도가 높고 생물보안을 무척 중시하는 나라다. 식물, 식물성 제품, 과일, 식품, 동물성 제품, 인공 유물, 멸종 위기의 동식물로 만든 제품, 그리고 흙과 접촉해 오염된 스포츠 장비나 용품은 원칙적으로 반입이 금지된다(스포츠 장비나 용품의 경우 살균과 훈증 소득을 거친 뒤 소지자에게 반환해줄 수 있다).

입국과 출국

뉴질랜드에 입국하는 모든 사람은 출국 예정일로부터 적어도 3개월 동안 유효한 여권을 소지해야 하며, 약 60개 나라의 국민들이 비자 없이 뉴질랜드에 입국할 수 있다. 그 60개 나라의 여권을 소지한 사람들은 방문 비자 없이도 최대 3개월까지 뉴질랜드에서 휴가를 보낼 수 있다.

 뉴질랜드에 12개월 넘게 머물고자 하는 사람들은 건강진단서와 흉부 엑스선 검사증을 체류 신청서와 함께 제출해야 한다. 방문 목적이 사업이지만 뉴질랜드에 머무는 동안 보수 등을 받지 않을 예정인 사람은 비즈니스 방문 비자가 필요할 것이다. 뉴질랜드의 비자와 여권에 관한 공식적인 정보는 www.immigration.govt.nz에서 얻기 바란다.

뉴질랜드는 농업 의존도가 높고 생물보안을 무척 중시하는 나라다. 식물, 식물성 제품(예를 들면 허브로 만든 약과 같은 제품), 과일, 식품, 동물성 제품, 인공 유물(예를 들면 목재 조각품), 멸종 위기의 동식물로 만든 제품, 그리고 흙과 접촉해 오염된 스포츠 장비

나 용품은 원칙적으로 반입이 금지된다(스포츠 장비나 용품의 경우 살균과 훈증 소득을 거친 뒤 소지자에게 반환해줄 수 있다).

마리화나는 불법이다. 밀수에 따른 처벌 수위는 높은데, 수천 달러의 벌금형이나 징역형에 처해질 수 있다. 공항 곳곳에 설치된 표지판에는 관련 규정이 명시되어 있고, 세관으로 향하는 길목에는 자발적으로 밀수품을 버리도록 유도하는 처벌 면제 용기가 설치되어 있다. 진공 포장된 물건이 있으면 신고하기 바란다. 의심의 여지가 있는 물건도 신고하는 것이 좋다. 공항에는 화물을 살펴보는 마약 탐지견이 있을 것이다. 이 부분과 관련한 최신 정보는 www.customs.govt.nz에서 얻기 바란다.

뉴질랜드에서 국외로 반출할 수 없는 품목도 있다. 멸종 위기에 처한 동식물과 동물복지 문제, 예를 들면 육상 및 해상 포유동물의 생존 문제를 둘러싼 우려 때문이다.

뉴질랜드는 자국의 문화유산을 적극적으로 보호하고 있다. 최소 50년 이전에 만들어진 마오리족의 인공 유물, 이미 멸종된 뉴질랜드 토종 동식물의 뼈나 깃털 같은 각 부위, 그리고 국가적, 과학적, 예술적 의미가 크고 최소 50년 전에 만들어진 물건은 국외 반출이 금지된다.

뉴질랜드는 사시사철 아무 때나 방문해도 좋다. 기후가 온화하고 다양한 매력의 명소가 있기 때문이다. 그래도 더 따뜻한 11월부터 4월 사이에 방문하는 사람들이 많다. 방학과 겹치는 성탄절 전후의 시기는 현지인들이 해변으로 몰리는 시기다. 따라서 평소보다 숙소 구하기가 어렵다. 날씨가 가장 따뜻하고 맑은 달은 2월이다.

사람들이 집중적으로 몰리는 시기에 뉴질랜드를 방문할 때는 예약을 서두르는 편이 좋다. 뉴질랜드에서는 1년 내내 여러 가지 활동을 즐길 수 있다. 과감한 모험을 선호하는 사람들은

번지점프, 도보 여행이나 자전거 여행, 스키, 낚시, 돌고래와의 수영을 즐기면 되고, 나머지 사람들은 포도주 시음, 고래 관찰, 평범한 관광이 어울릴 것이다. 겨울에 해당하는 6월부터 8월까지는 스키와 스노보드를 즐기기에 적당하다.

여행 중에 입을 옷을 준비하는 데 있어 가장 현명한 방법은 여러 벌 겹쳐 있을 수 있는 옷을 선택하는 것이다. 티셔츠, 트레이닝복, 자켓 등 입고 벗기 편한 옷을 준비하는 것이 좋다. 또한 비옷은 꼭 챙기기 바란다. 여행 중에 언젠가는 여러분에게 꼭 필요한 옷이 될 것이다.

이동 수단

뉴질랜드는 그리 큰 나라가 아니다. 특히 태즈먼해 건너편의 호주에 비하면 아주 작은 나라다. 뉴질랜드 국내에서는 비교적 쉽고 저렴하고 효율적인 방식으로 이동할 수 있다.

【 비행기 】

뉴질랜드에서 장거리 여행을 할 때는 비행기가 버스와 기차보다 낫지만 이동 수단을 선택하는 것은 취향의 문제다. 오클랜드와 웰링턴뿐 아니라 크라이스트처치, 더니든, 해밀턴, 파머스턴 노스, 퀸스타운에도, 그리고 케리케리와 왕거누이를 비롯한 20여 개의 소도시에도 국제공항이 있다. 몇 개의 소규모 항공사들이 제1항공사인 에어 뉴질랜드에 흡수되어 국내선을 담당하는 에어 뉴질랜드 링크가 생겼다. 상대적으로 요금이 비싼 에어 뉴질랜드를 이용하기가 부담스러우면 제트 스타나 콴타스항공 같은 외국의 저가 항공사를 선택해도 된다. 미리 인터넷을 통해 항공권을 예약하면 저렴하게 구입할 수 있다. 대다수 항공사는 현장 발권 방식보다 더 싸고 편리한 전자발권 제도를 시행하고 있다.

【버스】

뉴질랜드에는 각 섬을 연결하는 시내외 버스 노선망이 잘 구축되어 있다. 뉴질랜드 최대 운수회사 인터시티 외에도 지역별로 운행하는 현지 회사들이 있다. 주요 도시를 연결하는 버스는 보통 연중무휴로 하루에 여러 편 운행된다.

소규모 회사가 운영하는 왕복 버스도 있다. 그중에서 관광객이나 배낭여행객을 특별히 겨냥한 왕복 버스는 공항에서 도시로 이동할 때 편리하다. 소규모 버스 회사인 키위 익스피어리언스는 원하는 곳에 내렸다가 다시 탈 수 있는 올인원 패키지를 제공한다.

뉴질랜드 버스는 믿을 만하고 편안한 교통수단이다. 일반적으로 시간표에 맞춰 정시에 출발하지만, 주말에는 평소보다 훨씬 붐빌 수 있다. 특히 금요일 오후에 주요 도시에서 출발했다가 일요일 저녁 되돌아오는 일정이면 더욱 그렇다. 징검다리 연휴와 극성수기에는 도로 정체로 이동 시간이 평소보다 훨씬 더 길어질 수 있다.

북섬의 오클랜드를 벗어나면 북쪽으로 단 하나의 주요 도로만 나 있는데, 이 도로를 따라 운전자들은 다가빌을 거쳐 서해안을 따라가거나, 파이히아와 아일랜즈만으로 곧장 달린다.

산맥이 많은 남섬에도 도로는 적다. 지형학적으로 도로 건설이 어렵기 때문에 동서를 잇는 도로를 찾아보기 어렵다.

뉴질랜드에서 도로 여행을 선택하면 절경을 즐길 수 있지만, 도로가 좁고 구불구불하기 때문에 이동 시간이 오래 걸리고 피곤할 수 있다.

【기차】

기차 여행은 뉴질랜드를 둘러볼 수 있는 빠르고 좋은 방법이지만 노선이 그리 많지는 않다. 바위 절경을 자랑하는 남섬의 북동부 해안을 따라 달리며 크라이스트처치와 픽턴을 잇는 코스털 퍼시픽 노선은 세계에서 가장 아름다운 경관을 즐길수 있는 기차 노선으로 손꼽힌다. 또한 크라이스트처치와 그

레이마우스를 잇는 트랜즈알파인은 창밖으로 산의 절경을 즐길 수 있어 인기가 좋다.

도시 간 철도는 기차 회사 트랜즈 시닉이 운행하고 있지만, 오클랜드와 웰링턴을 잇는 노던 익스플로러나 팔머스톤 노스와 오클랜드를 잇는 캐피털 커넥션 같은 다른 기차 노선도 운행 중이다. 오클랜드 도심에 철도가 다시 들어오기까지는 70년이 넘게 걸렸다. 이 노선이 마오리족 소유의 토지를 관통하는 데 따른 정치적 논쟁이 끊이지 않았기 때문이다. 현재 오클랜드는 도심 교통 혼잡 문제를 완화하기 위해 '시티 레일 링크'라는 지하철을 건설 중이다.

[연락선과 보트]

블루브리지와 인터아일랜더는 남섬과 북섬(웰링턴과 픽턴)을 오가는 연락선 노선을 운행 중이다. 파도가 거칠거나 기상 상황이 좋지 않은 날에는 연락선 운항이 취소되지만, 그럴 경우 항공편을 이용할 수 있다. 오클랜드와 와이헤케섬, 오클랜드와 하우라키만의 그레이트베리어섬을 연결하는 연락선 서비스도 있고, 블러프와 스튜어트섬을 잇는 연락선도 운항 중이다. 노스랜드의 호키앙아 하버와 아일랜즈만에서는 소형 연락선이

운행되고 있다. 아일랜즈만에서는 바다로 나가 섬을 둘러보는 여행 상품을 꼭 체험해보기 바란다. 다양한 호수와 남섬의 피오르드랜드 부근을 둘러보는 여행 상품도 있다. 오클랜드와 웰링턴 사이에는 통근용 연락선이 운행된다. 아슬아슬한 느낌을 즐기는 사람들에게는 제트보트가 제격이다.

【 렌터카 】

뉴질랜드의 모든 주요 공항에서 렌터카를 이용할 수 있다. 렌터카는 인터넷으로 사전 예약할 수 있으며 특별 할인혜택이 제공되니 잘 살펴보고 선택하기 바란다. 뉴질랜드에서는 많은 사람들이 캠핑카를 빌려 쓴다. 항상 공식 캠핑장에 묵어야 하는 것은 아니다. 모험심이 강한 여행자들은 캠핑카를 운전해 대중교통으로는 가기 힘든 장소에서 자연을 즐긴다.

출신국의 유효한 운전면허증이나 국제운전면허증을 소지하고 있으면 최대 12개월까지 합법적으로 운전할 수 있다. 해외 관광객을 포함한 모든 운전자는 운전 시 반드시 면허증을 소지하고 있어야 한다. 또한 출신국에서 면허를 취득한 차종만 운전할 수 있다. 뉴질랜드에서는 25세 이상이 되어야 합법적으로 자동차를 임대할 수 있다. 면허증 내용이 영어 이외의 언어로 표기된 경우에는 영어 번역본을 제출해야 한다. 외국인 운전자도 뉴질랜드의 교통법규와 안전운전 관행을 숙지하고 있어야 하며, 뉴질랜드의 공식적인 도로 법규는 www.nzta.govt.nz에서 확인할 수 있다. 운전자는 도로의 우측으로 주행해야 한다. 개방도로의 경우 제한속도는 시속 100km, 시가지는 시속 50km다. 운전자·동승자는 안전벨트를 착용해야 한다.

음주운전은 중범죄로 취급되며 관련 법규도 철저히 시행되고 있다. 경찰이 고속도로 등지에서 음주 측정을 수시로 실시하고, 필요한 경우 혈액 검사도 한다. 뉴질랜드인들은 대체로 법을 지키는 편으로 술을 마신 채 운전하는 위험을 무릅쓰지 않

는다. 술자리가 있으면 보통은 비싸도 택시를 이용하거나 술을
마시지 않는 사람을 미리 운전자로 정해두고 파티를 즐긴다.

속도위반으로 경찰에게 적발되었을 경우 "나는 뉴질랜드인이
아니라서(혹은 외국인이라서) 법을 몰랐다(표지판을 읽지 못했다)"라는
식의 변명은 하지 말기 바란다. 경찰에게는 면책을 결정할 재
량권이 없고, 제한속도를 시속 10km 이상 위반한 경우 자동
적으로 벌금이 부과된다. 과속 단속용 고정 카메라 및 이동식
카메라(경찰차 내에 설치된 경우가 많음)도 많으니 유의하기 바란다.

【자전거타기】

어디든 숨 막히는 절경이 펼쳐지는 뉴질랜드에서 자전거는 제
대로 여행을 즐길 수 있는 수단이다. 환경 친화적이고, 깨끗하
고, 저렴하고, 한산하고, 쾌적한 자전거 도로도 잘 정비되어 있
어 많은 사람들이 자전거를 즐겨 탄다. 뉴질랜드 사이클 트레
일은 23개의 그레이트 라이드 자전거 코스로 이루어져 있다.
각 그레이트 라이드 근처에서 쉽게 자전거 대여소를 찾아 자
전거를 빌릴 수 있다. www.nzcycletrail.com에서는 자전거 도
로 목록을 확인할 수 있다.

　오토바이 운전자와 마찬가지로 자전거를 타는 사람도 반드

시 안전모를 착용해야 한다. 도로에서 자전거를 타는 경우에
는 뉴질랜드의 교통법규를 숙지하고 있어야 한다. 뉴질랜드 교
통청이 만드는 『뉴질랜드 자전거 주행 법규』에는 뉴질랜드의
교통법규 및 안전 주행 수칙이 알기 쉽게 설명되어 있다.

장애인 편의시설

뉴질랜드는 건물을 신축하거나 대형 보수공사를 진행할 때 장
애인이 이용할 수 있는 합당하고 적절한 시설을 제공하도록

법으로 규정하고 있다.

대형 숙박시설에는 장애인 손님을 위한 전용 객실이 있다. 어빌리티 어드벤처스와 액세서블 키위 투어 같은 패키지 여행사는 장애인에게 필요한 여행정보를 제공하고, 개인 및 단체 패키지 휴가 여행도 주관하고 있다. 대부분의 운수업체도 장애인을 위한 서비스를 제공하고 있지만, 미리 이용 가능 여부를 확인하는 것이 좋다. 일부 도시의 버스도 장애인용 설비를 갖추고 있으며, 차량 외부에 관련 표시가 있어 알아보기 쉽다. 버짓과 프리덤 모빌리티 같은 운수업체는 손으로만 운전할 수 있는 장애인용 차량을 제공하니 사전 예약을 통해 이용하길 권한다. 장애인도 사용할 수 있는 교통수단에 대한 자세한 내용은 firstport.co.nz에서 확인할 수 있다.

전국에 장애인 전용 주차 구역이 지정되어 있다. 장애인은 전용 주차 허가증을 받을 수 있으며, 신청할 경우 뉴질랜드 방문 기간에 유효한 임시 카드가 발급된다. 뉴질랜드는 외국에서 받은 장애인용 주차 허가증을 자동 승인하지 않기 때문에 출신국에서 받은 장애인 카드나 진단서를 제출해 뉴질랜드의 장애인용 주차 허가증을 새로 발급받아야 한다.

숙박

뉴질랜드는 전국적으로 약 4천 개의 숙박시설이 있다. 대부분의 관광객들은 모텔을 이용한다. 모텔에는 대체로 직접 취사가 가능한 시설이 있지만, 일부 모텔은 아침식사와 저녁식사를 제공하기도 하고 식당이 딸린 모텔도 있다. 비앤비^{B&B}와 가격이 좀 더 비싼 호텔을 선택할 수도 있을 것이다. 최근에는 홈스테이나 농장스테이(truenz.co.nz/farmstays)도 관광객들에게 인기를 끌고 있다.

배낭여행객을 위한 숙박시설은 전국에서 쉽게 찾을 수 있

다. 오래된 건축물 안에 있거나 매력적인 위치를 자랑하는 숙박시설(www.bbh.co.nz)도 있고, 유스호스텔도 쉽게 찾을 수 있다 (www.yha.co.nz).

뉴질랜드의 전국 각지에는 상업 캠핑장이 많은데, 국립공원에 위치한 캠핑장이나 오두막은 이용 허가를 받아야 한다. 뉴질랜드인들은 아름다운 경치가 부유층의 전유물이 아니라고 믿기 때문에 가장 경치가 빼어난 곳에 캠핑장과 캠핑카 주차장이 있는 경우가 많다.

건강과 안전

다른 나라에 비해 상대적으로 낮은 범죄율을 보이는 뉴질랜드는 대체로 여행하기에 매우 안전한 곳이지만, 개인의 안전과 소지품 관리에는 각별히 주의해야 한다. 여권이나 신용카드 같은 중요한 서류는 사본을 만들어두거나 별도로 보관하고, 카메라와 태블릿, 스마트폰의 일련번호와 사용 설명서도 잘 보관하는 것이 좋다.

뉴질랜드는 여러모로 아주 안전한 나라다. 위험한 동물도 없다. 가장 위험한 것이라고 해봐야 해변의 풀밭에서만 발견되는 카티포 독거미 정도일 것이다. 이 독거미에 물리면 상당한 통증을 느끼다가 심계항진을 겪을 수 있다. 지금은 멸종 위기에 처해 있고, 인간의 거주지 근처에서는 잘 발견되지 않기 때문에 카티포 독거미를 만난다면 정말 운이 나쁜 경우다. 상어가 사람을 공격하는 일도 거의 없다. 해변에서 만나는 해양 생물 대부분은 사람을 해치려 하기보다 오히려 두려워한다.

제일 심각한 것은 사실 오존층 파괴로 생긴 오존 구멍이다. 2003년 4,730만 톤의 오존이 손실되었다. 다시 말해 1인당 8kg의 오존이 없어졌다. 남극 하늘 위에 생긴 오존 구멍은 11월 하순에서 12월 초순 사이에 뉴질랜드와 남반구로 이동하는데, 그 결과 자외선 방사선량이 극도로 높아진다. 자외선 수치가 높을 때는 야외 활동 전에 반드시 자외선 차단제를 발라야 하고, 일반적으로 현지인들은 오전 11시부터 오후 3시까지는 햇빛을 피한다. 햇빛에 직접 노출될 때는 항상 햇빛 차단용 모자나 선글라스를 착용해야 한다. 라디오와 텔레비전에서 방송되는 일기예보에는 한 사람이 일광 화상을 당하지 않고 있을 수 있는 시간을 의미하는 '화상 요인'이 나온다. 뉴질랜드에서는 피부암의 일종인 흑색종으로 매일 한 명 이상이 사망하

• 야외 활동 안전수칙 •

많은 사람들이 아름다운 자연을 즐기기 위해 뉴질랜드를 찾는다. 하지만 야외로 나가기 전에 취해야 할 안전수칙이 있다. 먼저 목적지에 대해 충분히 알아보고, 현지의 여행안내정보센터나 자연보호부 관광센터에 문의해 조언을 구하기 바란다.

- 휴대전화: 주요 도심을 벗어나면 신호가 약한 곳이 많고, 숲이나 산 속의 신호는 더 약하다. 여러분의 위치를 알릴 수 있는 위치 표지용 무선기와 배터리로 작동하는 라디오를 챙겨가는 것이 좋다. 특히 혼자 여행할 경우에는 반드시 챙겨야 한다.

- 날씨: 뉴질랜드의 날씨는 변화무쌍하고 때때로 악천후를 만나기도 한다. 비가 오고 기온이 낮은 날씨에 항상 대비해야 한다. 뉴질랜드는 맑고 오염되지 않은 환경과 상대적으로 낮은 위도 때문에 유럽이나 북미 지역보다 햇빛이 훨씬 강하다는 점을 기억하고 맑은 날에는 모자를 쓰거나 선크림을 바르는 것이 좋다. 항상 일기예보를 확인하고, 하루에도 여러 차례 날씨가 바뀔수 있다는 점을 기억하고 대비하기 바란다. 외출하기 전에 날씨를 확인하고 자연보호부 공원휴양국이 발표한 주의사항이 있는지 확인하기 바란다. 날씨 관련 모든 주의사항은 심각하게 받아들여야 한다.

- 힘든 지형: 주요 도심에서 벗어난 곳을 걷는 것에 대해 과소평가하지 말라.

상당한 체력이 요구되는 곳이 많다. 목적지로 출발하기 전에 어느 정도의 체력이 필요한지 꼭 확인해야 한다. 옷과 신발도 적절하게 갖춰 입어야 한다. 도심에서 입을 수 있는 평상복으로 길을 나서면 큰 코 다칠 것이다.

- 목적지를 알리고 떠나기: 누군가에게 여러분의 일정을 알리기 바란다. 자연 보호부나 친구에게 구체적인 일정을 알리고, 특정 날짜까지 연락이 없다면 무슨 일이 일어난 것일 수 있다는 언질을 주기 바란다. 구체적인 일정을 알릴수록 문제가 생겼을 때 빨리 구출될 수 있다. www.adventuresmart. org.nz에서 야외활동 계획서 양식을 다운로드 받아 사용할 수 있다.

고 있다.

뉴질랜드에 있는 동안 병원에 가야 할 일이 생겨 현지 의사나 치과의사를 찾아가면 평균 50뉴질랜드 달러의 비용이 발생한다. 뉴질랜드 국민은 무료로 뉴질랜드의 의료체계를 이용할 수 있지만, 외국인은 사고 후 긴급조치를 제외하고는 치료비를 지불해야 하므로 여행할 때 종합 여행자보험에 가입하는 것이 좋다.

15세 이상 뉴질랜드 인구의 25%가 흡연자고, 마오리족의 흡연율은 더 높다. 담뱃갑에는 건강 유해성에 대한 경고 문구가 있다. 뉴질랜드는 호주가 먼저 도입한 담뱃갑 단순 포장법 (담뱃갑에 브랜드 표시 없이 흡연에 대한 경고 문구와 끔찍한 사진을 채워 흡연율을 낮추고자 하는 법안-옮긴이)의 도입을 고려하고 있으며, 그 법이 호주의 흡연인구 변화에 미친 영향을 주시하고 있다. 지난 10년간 뉴질랜드인의 사망 원인 1위는 암이었고 심장 질환과 뇌혈관 질환이 그 뒤를 이었다. 태평양제도 출신 사람들 사이에서는 폐결핵이 다시 유행하고 있고, 당뇨병도 높은 유병률을 보이고 있다.

범죄

뉴질랜드의 범죄율은 증가 추세를 보이고 있지만, 외국에 비해 여전히 낮은 수준이다. 작고 외진 마을의 아이들은 스쿨버스 정류장까지 자전거를 타고 가서 울타리에 자전거를 세워놓고 스쿨버스에 탔다가 하교 후 다시 자전거를 타고 집으로 돌아간다. 채소나 과일을 파는 사람들은 물건 옆에 수금 상자를 놓아둔 채 자리를 비운다. 주택 뒷문을 열어놓는 집도 많다. 안타깝게도 이 점을 악용하는 사람이 있기 마련이다. 뉴질랜드에서 가장 많이 일어나는 범죄는 바로 절도다. 주차된 차량에서 물건을 훔쳐가는 일도 늘고 있다. 특히 오클랜드 같은 대도시에서는 차량 안의 눈에 띄는 곳에 물건을 두고 내리지 않도록 해야 하고, 귀중품은 트렁크에 넣어 보관해야 한다. 개인 소지품을 잘 챙기고, 여권 같은 중요 서류는 호텔 객실이나 안전한 장소에 보관하는 것이 좋다.

아직까지는 연간 살인사건 발생 건수가 100건 미만이지만 폭력사건은 늘고 있다. 특히 중상해죄와 기타 폭행이 늘고 있다. 대부분은 음주와 관련이 있으므로 늦은 밤 시내의 시끌벅적한 술집은 피하는 것이 좋다. 일반적으로 도심부는 밤에도 걸어 다니기 안전하지만, 대도시에는 밤에 절대 가지 말아야 하는 구역이 있기 때문에 미리 확인하고 피해야 한다.

뉴질랜드 경찰은 보통 예의가 바르고 시민을 잘 도와준다. 이들 경찰은 대체로 화기보다는 경찰봉과 테이저건, 후추 스프레이 따위를 휴대하고 다니기 때문에 외국 경찰보다는 덜 무섭게 보일 것이다. 하지만 영장을 청구할 때는 뉴질랜드 경찰도 단호히 행동하고, 특별한 상황에서는 화기를 사용하도록 훈련받았다. 국제공항이나 외교경호부대에서 근무하는 경찰은 무장을 갖춘다.

07

비즈니스 현황

협상이나 의사결정 과정에서 뉴질랜드인들을 재촉해서는 안 된다. 뉴질랜드인들은 상대방이 계속해서 확인 전화를 하거나 판매 전술과 마감 일정에 대해 압박하는 것을 좋아하지 않는다. 그들은 재빨리 전화 답신을 주는 편도 아니다. 제품 기능에 대해 왈가왈부하는 대신 직접 보여주는 것이 좋다. 기능을 과장하지 말기 바란다. 오히려 반감을 살 수 있다. 뉴질랜드인들은 여러분의 이야기를 듣고 주체적으로 판단한다.

사업에 대한 일반적 태도

평범한 뉴질랜드인들은 사업이나 경제 관련 이야기를 피하는 경향이 있다. 아마도 대체로 그런 주제에 대해 잘 알지 못하기 때문일 것이다. 설문조사에 따르면 비즈니스 관련 신문이나 잡지의 구독 인구가 적은 이유는 사업에 대한 관심이 낮고 문자해독 능력이 부족한 점과 연관이 있다고 한다. 이렇게 볼 때 뉴질랜드인에게 사업적 성공이 그다지 중요하지 않다는 것은 당연한 일인지도 모른다. 성공한 사람을 헐뜯고 비난하는

사회현상을 일컫는 '키 큰 양귀비 증후군'의 영향 때문에 성공한 사업가들은 자신의 재능을 자랑하지 않고 겸손하게 감춰야 한다고 생각한다. 하지만 웨어하우스의 설립자 스테판 틴달을 존경하는 사람들도 있다. 다만 외국과 다른 점은 그의 사업적 성공을 존경해서가 아니라 자수성가형 사업가로서 밑바닥부터 시작해 사회적 책임형 프로젝트에 꾸준히 참여해온 것을 존경한다는 의미다. 대체로 뉴질랜드 경제에서 사업이 차지하는 비중이 제대로 인정받지 못하고 있는 데다 튼튼한 경제와 사회적 안정성 간의 상관관계도 모르는 사람이 많기 때문에 뉴질랜드 정부는 국민들이 사업에 대한 긍정적 태도를 가질 수 있도록 널리 홍보하는 한편, 경제 성장이 생활수준 향상으로 이어진다는 점을 이해하도록 유도하고 있다.

뉴질랜드인들의 직장

【업무환경】

뉴질랜드의 사무실 분위기는 격식에 얽매이지 않고 느긋하며 여유롭다. 사람들은 직장생활과 사생활 사이의 균형도 잘 맞

취 살고 있다. 대부분의 뉴질랜드인들은 친절하고 예의 바르며, 기꺼이 남을 돕고 상대방에게도 동일한 대접을 기대한다. 무례하거나 정도를 지나친 행동을 하면 그 누구도 여러분의 말에 귀 기울이거나 관심 어린 눈빛을 보내지 않을 것이다. 다른 나라보다 뉴질랜드는 직장에서의 지위나 계급, 그리고 위계질서를 중요하게 생각하지 않는다. 직원들은 상사를 존중하지만 상사도 팀의 일원으로 여긴다. 대체로 관리자들은 격식을 차리지 않고 회사를 경영한다. 일반 직원들도 편안한 분위기 속에서 일한다. 상급자와 동료, 고객은 서로를 이름으로 부르며, 편안한 복장을 선호한다.

【노동인구】

뉴질랜드인들은 강한 독립심과 평등주의 관념의 소유자들이고, 그런 기준에 따라 근무하고 관리받기를 원한다. 상명하달의 경영 방식은 좋아하지 않고, 모두가 한 팀으로서 성공에 기여하는 편을 선호한다. 기업은 직원 수가 20명 미만인 소규모 업체가 대부분이고, 이들은 상호협력을 중시한다. 뉴질랜드인들은 한 가지 일에 열중해 해결책을 찾는 능력이 뛰어난 것으로 유명하다.

성인의 약 3분의 2가 노동 인구이고 그중에서 4분의 3은 정규직이다. 최근에는 시간제 근로자들도 대폭 늘어났는데, 특히 여성 시간제 근로자들이 증가했다. 뉴질랜드에서는 비교적 고위직에 오른 여성이 많다. 혹시 고위직 여성을 만나도 놀라지 말기 바란다. 뉴질랜드는 남녀가 매우 평등한 사회다. 여성도 남성과 동등한 존재로 여긴다. 하지만 2015년 발표된 NZX 다양성 통계자료에 따르면 상장회사 중 여성 이사는 단 17%, 고위 임원은 19%에 불과하다고 한다. 또한 1972년 남녀 간 임금 격차를 불법으로 규정한 동일임금법을 도입했지만, 남녀 간의 임금격차는 아직 여전하다. 2014년 세계경제포럼이 발표한 세계 성 격차 보고서에서 뉴질랜드는 유사 업무에 대한 남녀의 임금이 얼마나 평등한지를 평가하는 항목에서 총 142개국 중 33위를 차지했다. 뉴질랜드에서 성별에 따른 임금격차는 인종적 요인에도 큰 영향을 받는다.

뉴질랜드의 전체 노동 인구 중 18%는 공무원이다. 이는 세계적 기준에서 볼 때 낮은 수치다. 1980년대 공무원 비중은 약 25%였는데, 당시 정부는 여러 개의 정부 관련 사업체를 매각한 바 있다.

경제 변화로 더 많은 인구가 서비스 부문에 종사하게 되었다. 현재 노동 인구의 약 27% 이상이 지역공동체 서비스, 사회 복지 서비스, 개인 단위 서비스 부문에서 일하고 있다. 그리고 노동 인구의 23%는 도소매 거래 부문과 식당업 및 호텔업에 종사하고 있으며, 제조업에 종사하는 노동 인구는 12%에 불과하다. 2015년 12월의 실업률은 5.3%였고 경제활동참가율은 69.7%였다. 평균적으로 뉴질랜드의 노동 인구는 외국에 비해 교육수준과 기술 숙련도가 높은 편이다.

뉴질랜드의 노동 인구 중 약 16%는 노동조합에 가입했다. 2013년을 기준으로 노동조합의 수는 약 138개로, 20세기 초반 뉴질랜드는 세계에서 노동조합 활동이 가장 왕성한 나라 중 하나였다. 1989년에는 노동조합 가입률이 47%에 달했지만, 이후 노동조합 가입률이 현격하게 줄어들기 시작했다. 여기에는 1991년 노동조합의 특권을 없애고 개인 계약을 독려한 노동계약법 도입이 큰 영향을 미쳤다. 이후 2000년에 제정된 후속 법률에는 모든 고용주, 노동자, 노동조합이 솔직하고 정직하게 서로를 대우하도록 규정되어 있다.

관련 법률

뉴질랜드에는 여러 가지 고용 관련법이 있다. 모든 고용인은 최저 임금과 연간 휴가, 공휴일 휴무, 병가와 장례 휴가를 누릴 자격이 있다. 공휴일에 근무하는 직원은 별도의 보상을 받도록 되어 있고, 휴가 수당을 계산하는 방식도 법으로 규정하고 있다. 모든 고용인은 최단 4주의 유급휴가와 11일의 유급휴일을 보장받는다.

육아휴가는 자녀의 출생 전후 또는 5세 미만의 아이를 입양할 경우 부모가 모두 사용할 수 있다. 육아휴가는 자녀의 출생 전 최소 12개월 이상, 주당 평균 10시간을 일한 직원에 한해 제공된다. 2016년 4월에는 기존 규정이 바뀌어 유급휴가가 18주로 늘어났고 임신 기간 중 임신 관련 사유로 사용할 수 있는 휴가도 10일이나 늘어났다. 또한 남성에게도 2주의 출산휴가를 주게 되었다. 출산휴가는 12개월까지 연장할 수 있는데, 부모 중 한 사람이 12개월을 다 쓰거나 함께 나눠 쓸 수 있으며, 이 경우 출산휴가 총 기간에서 사용한 만큼의 기간이 차감된다.

뉴질랜드에서 일하기

뉴질랜드에서 일하려면 시민권이나 영주권을 갖고 있거나 취업 허가증 및 일자리에 적합한 비자가 있어야 하고, 후자의 경우 사전에 신청해야 한다. 외국인에게도 허용되는 임시직이 있는데, 특히 과일 수확과 같은 농업 분야의 일이 많다(www.picknz.co.nz에서 확인하기 바란다). 뉴질랜드 워킹홀리데이 노동허가증이나 취업 비자를 신청하면 한 명의 고용주 밑에서 최대 12개월(캐나다와 영국 여권 소지자는 23개월)까지 합법적으로 뉴질랜드에 머물 수 있고 최대 3개월 동안 일할 수 있다. 체류기간 연장을 신청하고 12개월 중 183일 이상을 뉴질랜드에 체류한 사람이 올린 소득에는 뉴질랜드 세법에 따라 세금이 부과된다. 뉴질랜드는 이중과세를 피하기 위해 일부 국가와 이중과세방지협약을 체결하고 있다. 여러분에게도 적용되는지 알고 싶다면 www.ird.govt.nz를 참고하기 바란다.

뉴질랜드에서 사업하기

뉴질랜드는 상대적으로 규제가 덜한 개방경제체제를 운영하고 있으며, 투자와 사업의 측면에서 안전한 나라로 인정받고 있다. 경제적 자유의 수준이 높고 부패가 덜한 뉴질랜드는 사업하기 쉬운 나라 중 하나로 손꼽힌다. 쉽고 간편할 뿐만 아니라 기업 친화적인 조세제도는 자본개발, 연구개발, 해외 투자 분야에서 유리하게 작용한다.

약속 잡기

사업 파트너를 만나는 데는 개인적 인맥이 중요하게 작용한다. 개인적 인맥을 통한다면 상대 회사 고위직과의 만남이 비교적 쉽게 성사될 것이다. 하지만 그럴 수 없는 상황이라면 시간을 두고 미리미리 준비해야 한다. 불쑥 찾아가는 일은 피하기 바란다. 사전에 약속을 잡고, 며칠이고 답변을 기다릴 각오를 하자. 외국인으로서 도움이 필요하다는 점을 밝히고 요구사항을 말하면 생각보다 빨리 여러분에게 필요한 적임자를 찾을 수 있을 것이다. 뉴질랜드인들은 남을 돕기를 좋아하고, 상대방이 도움을 요청하면 기꺼이 도울 것이다. 여름 휴가기간이나 부활절 휴가기간에는 여러분이 꼭 만나야 하는 관리자가 회사에 없을 수도 있다.

회의

시간 약속은 철저히 지켜야 한다. 회의에 늦으면 믿을 수 없는 사람이라는 인상을 줄 수 있다. 또한 건방진 사람, 즉 자신의 시간이 더 소중하다고 여기는 사람이라는 인상을 풍길 수도 있다.

사업의 종류에 따라 조금씩 다르지만 회의에서는 주로 양복을 입고 넥타이를 맨다. 하지만 첫 회의 다음부터는 상대방의 복장에 맞춰 옷을 입으면 된다. 여성의 경우 정장이나 단정한 치마도 괜찮다. 일반적으로 광고업, 언론·출판업, 컴퓨터 산업, 창의적 사업 같은 분야에서는 복장에 격식을 따지지 않는다.

회의는 보통 편안하고 우호적인 분위기에서 진행되고, 상대방은 처음부터 여러분을 성이 아닌 이름으로 부를 것이다. 일반적으로 뉴질랜드인들은 형식과 의례에 연연하지 않기 때문에 회의 중에는 서 있어도 되고 편안하게 앉아 있어도 된다. 그렇다고 해서 지나치게 스스럼없이 굴거나, 정도 이상으로 친근하게 대해도 좋다는 뜻은 아니다. 친근하고 우호적인 분위기지만 결국은 사업상 회의인 만큼 정도를 지켜야 한다. 회의에서는 전문성, 성실성, 솔직한 태도가 중요한 무기다. 본격적으로 사업 이야기를 나누기 전에 가벼운 잡담을 나누는 것도 도움이 된다. 예를 들어 잡담을 통해 지난주의 럭비 경기 결과 같은 최근 소식을 알 수 있으므로 일석이조일 것이다. 날씨 이야기도 도움이 될 것이다.

격식에 얽매이지 않기 때문에 회의는 종종 점심식사나 저녁식사로 이어지기도 한다.

프레젠테이션

프레젠테이션을 할 때는 객관적 사실과 숫자에 집중하고 과장이나 허풍은 피해야 한다. 뉴질랜드인들은 솔직함, 정직함, 단도직입적인 대화법을 좋아하고, 현실적인 견해와 평가를 중시한다. 또한 뉴질랜드인들은 여러분이 내놓는 제품이나 서비스의 과거 실적, 추천 후기, 추천인 같은 정보를 알고 싶어 할 것이다. 더불어 여러분이 통관요건, 정부규제, 노사관계 등에 대한 내용을 알고 있기를 바랄 것이다. 따라서 회의 전에 관련 정보를 숙지하기 바란다. 여러분의 나라에 있는 뉴질랜드 대사관이나 영사관을 찾아가거나 무역 담당관과 상담하면 프레젠테이션에 필요한 정보를 얻을 수 있을 것이다.

상대 회사도 여러분이 모든 사항을 알고 있다고 생각하지는 않을 것이다. 그러므로 몇 가지 질문을 한다고 해서 크게 잘못될 일은 없다. 프레젠테이션을 할 때는 상대방과 눈을 맞추고 불편하지 않을 정도의 거리를 유지하기 바란다. 약간의 유머를 곁들이면 더욱 좋다. 특히 처음 만나 어색한 분위기를 풀 때 이러한 방법은 효과적이다. 은어나 비속어는 금물이다. 사용하는 순간 상대방은 여러분을 존중하지 않게 될 것이다. 상대방이 먼저 이야기를 꺼내는 경우를 제외하고는 인종이나 페미니즘, 이민 같은 민감한 주제의 대화는 피하는 것이 좋다.

협상

협상이나 의사결정 과정에서 뉴질랜드인들을 재촉해서는 안 된다. 뉴질랜드인들은 상대방이 계속해서 확인 전화를 하거나 판매 전술과 마감 일정에 대해 압박하는 것을 좋아하지 않는다. 그들은 재빨리 전화 답신을 주는 편도 아니다. 제품 기능에 대해 왈가왈부하는 대신 직접 보여주는 것이 좋다. 기능을 과장하지 말기 바란다. 오히려 반감을 살 수 있다. 뉴질랜드인들은 여러분의 이야기를 듣고 주체적으로 판단한다. 따라서 과장하거나 터무니없는 이야기를 하는 느낌이 들면 더 이상 여러분을 신뢰하지 않을 것이다. 요점만 간략하게 이야기하고 필요 이상으로 자세한 이야기는 하지 말기 바란다. 짧고 간략하게 이야기하는 것이 중요하다. 하지만 계약조건을 거론할 때는 말을 아끼지 말고, 모든 내용이 포함되었는지 확인해야 한다. 비용에 관해서는 현실적인 태도를 유지하는 것이 좋다. 할인이나 특가 거래를 제안함으로써 문제를 복잡하게 만들지 말아야 한다. 특히 즉각적인 주문을 받아내기 위해 이런 약속을 하는 것은 위험하다. 뉴질랜드인들은 가격을 흥정하려 하지 않을 것이다. 하지만 그들도 공정한 가격과 가격 대비 좋은 성능을 원한다. 간결하고 솔직하게, 그리고 단도직입적인 태도로 협상에 임하기 바란다. 약속할 수 있는 사항에 집중하고 지킬 수 없는 약속은 하지 말아야 한다. 뉴질랜드인들은 신뢰할 수 없는 이유가 생기기 전까지는 상대방을 매우 신뢰한다. 한번 깨진 사업상 관계는 다시 회복하기 어렵다. 관계가 깨진 경우 향후 거래에 부정적인 영향이 있을 뿐 아니라 거래가 완전히 중단될 수도 있다. 하지만 뉴질랜드인들은 성의 있고 공정한 편이므로, 일단 돈독한 관계를 구축하면 그동안의 노력을 모두 보상받을 수 있을 것이다.

계약

거래 성사 후 상대방과 악수만 하면 곤란하다. 서로 다르게 이해하는 부분은 없는지 계약 내용을 서면으로 자세히 기록해야 한다. 뉴질랜드인들도 종종 마음을 바꾸거나 조건을 다시 고려한다. 그리고 일단 내린 판단을 항상 고수하지는 않는다. 계약서는 세부내용까지 담고 있어야 하고 의혹이 있는 부분은 자세히 설명해야 한다. 틀린 부분을 꼼꼼히 찾아내는 사람부

터 아주 중요한 실수도 눈치 채지 못하는 사람까지 여러 부류
가 있으므로 만일의 사태에 철저히 대비해야 한다.

분쟁 해결

뉴질랜드는 소송이 잦은 사회가 아니다. 그러므로 분쟁이 일어
나고 그것을 해결할 방법이 법적 대응밖에 없는 상황은 대단
히 불운한 경우라고 할 수 있다. 일반적으로 뉴질랜드인들은
정면 대립을 좋아하지 않기 때문에 그것을 피하기 위해 최선
의 노력을 다할 것이다. 의견 충돌이 발생하면 빙빙 돌리지 말

고 솔직하게 말하고 해결책을 찾아보기 바란다. 그리고 무엇보다 해결책을 모색하기 전에 문제를 둘러싼 상대방의 태도 변화를 먼저 이끌어내야 한다. 최근 뉴질랜드인들은 소송보다는 중재를 더 선호한다.

08

의사소통

뉴질랜드인들은 일반적으로 허례허식이 없고, 격식에 얽매이지 않으며 현실적이다. 그리고 여러분도 자신들과 비슷한 성향이기를 기대한다. 뉴질랜드인들은 여러분을 있는 그대로 받아들인다. 따라서 그들에게 굳이 무언가를 보여주려고 애쓸 필요가 없다. 지나치게 직설적인 표현은 공격으로 간주되므로 더 친해지기 전까지는 언행을 조심하는 것이 좋다. 지나친 질문은 삼가기 바란다.

뉴질랜드 영어 이해하기

뉴질랜드의 공식 언어는 영어지만, 뉴질랜드 영어에는 뉴질랜드만의 어휘와 억양이 있다. 뉴질랜드 영어는 뉴질드 또는 키윙글리시라 불린다. 뉴질랜드인들은 영어 모음을 다르게 발음하고 억양 끝에 콧소리가 들어가 있다. 호주 영어와 뉴질랜드 영어가 아무리 비슷하게 들려도 실제로 그렇게 말하지 않는 편이 좋다. 차라리 상대방에게 어디 출신인지를 먼저 묻고 "뉴질랜드 사람입니다"라는 답이 돌아오면 "그럴 줄 알았어요. 사실은 뉴질랜드의 어느 도시 출신이냐고 물은 겁니다"라고 말하는 것도 좋은 방법이다. 호주 사람들은 시드니를 '시드네이'라고 발음하지만, 뉴질랜드인들은 '서드네이'라고 발음한다. 더 좋은 예는 '피시 앤 칩스'일 것이다. 호주 사람들은 '피시 앤 칩스'라고 발음하지만 뉴질랜드인들은 '퍼시 언 첩스'라고 발음한다. 이 미묘한 차이를 알아차릴 수 있다면 다행이다. 호주 영어와 뉴질랜드 영어 모두 문장 끝을 올려 발음해 모든 문장이 의문문처럼 들리는 특징이 있다. 외국인들은 이렇게 의문문 같은 문장을 듣고 대답을 해야 할지 말아야 할지 혼란스러워 하는 경우가 많다. 특히 자신이 먼저 질문을 했는데 상대방이 또 질문으로 응수하는 것처럼 들릴 때 당황한다. 이런 억양 때문에 뉴질랜드인의 대답이 신빙성 없게 들리는 경우도 종종 있다. 여러분이 길을 물었는데 상대방의 대답이 의문문처럼 들린다면 더욱 그럴 것이다. 주의 깊게 듣고 고개를 끄덕이거나, 상대방이 하는 말을 되풀이하면서 정보를 확인한다면 도움이 될 것이다. "네, 알겠어요" 혹은 "저도 그렇게 생각합니다"라는 말을 덧붙여서 여러분이 제대로 이해하고 있다는 것을 보여주는 것도 한 가지 방법이다.

얼마 전 실시된 설문조사에 따르면 뉴질랜드인들은 대체로 뉴질랜드 영어가 영국 영어보다, 심지어 미국 영어보다도 열등하다고 생각하는 것으로 나타났다. 『리드 뉴질랜드 영어 사전』에는 뉴질랜드 특유의 단어 뜻과 발음이 소개되어 있다. 도서관에 한 권씩은 꼭 구비하고 있는 사전이니 한 번 훑어본다면 많은 도움이 될 것이다. 예를 들어 'four'와 'door' 같은 영어 단어는 'four-a', 'door-a'의 두 음절 단어처럼 발음된다. 여기서 한걸음 더 나아가 뉴질랜드 영어는 나머지 영어와 분명히 다른 종류의 영어라고 주장하는 『뉴질랜드 사전』도 살펴보면 도움이 될 것이다. 그 사전에는 뉴질랜드에서 사용되는 고유의 단어와 문장이 많이 수록되어 있다. 예를 들어 뉴질랜드인들은 상대방이 안부를 물어올 때 일반적으로 '좋다'는 뜻의 'good' 대신 'box of birds'라는 표현을 쓴다. 'box of birds'는 '좋다'라는 뜻으로, 『뉴질랜드 사전』에 따르면 '성공'을 의미한다. 이는 아마 공기총으로 동물을 사냥하던 시절에 쓰던 표현일 것이다. 뉴질랜드의 고속도로에서는 'dob in'이라고 쓰인 표지판을 종종 볼 수 있다. 'dob in'은 교통법규를 무시하고 운전하거나 제한속도 규정을 위반한 차량을 '신고'하라는 뜻이다. 갓길에서 도로로 진입할 때는 지퍼가 잠기듯 한 대씩 번갈아 진입하라는 뜻의 'merge like a zip'이라는 특이한 표지판도 볼 수 있을 것이다.

만약 뉴질랜드에서 장기 체류 목적으로 집을 임대하거나 구입할 생각이라면 새로운 어휘들을 배워야 할 것이다. 예를 들어 도심을 벗어난 교외에 집을 구하고 싶은 경우 'wopwops', 혹은 'backblocks'라는 단어를 사용하면 된다. 이 두 단어는 원래 마오리족에게서 구입한 땅을 가리켰지만, 현재는 '도심에서 멀리 떨어진 농촌'이라는 뜻으로 쓰인다. '작은 부지'라는 뜻의 'plot'을 언급하면 중개인은 여러분을 근처의 공동묘지로 데려갈 것이다. 일반적인 주택용 대지를 뜻하는 'block'보다 더 큰 규모의 무언가를 말하고 싶다면 'section'이나 'lifestyle block'이라는 단어를 사용하면 된다.

토착 원주민인 마오리족이 쓰던 단어와 표현도 뉴질랜드 영어에 많이 흡수되었다. 원주민들을 식민 지배한 후 한참 동안은 마오리어 사용을 강력하게 금지했지만, 현재는 마오리어를 모국어로 삼지 않는 사람들도 1,000개 정도의 마오리어를 일

상생활에서 흔히 사용하고 있다. '와카waka'(카누라는 뜻이지만 자동차를 말할 때 더 많이 사용), '키아 오라kia ora'(안녕하세요), '카이kai'(음식), '푸쿠puku'(배, 위장), '화나우whanau'(가족) 같은 단어도 일상적인 대화에서 많이 쓰이고 있다.

마오리어는 단순히 구어로만 사용되는 것이 아니라 뉴질랜드 정부 문건에도 사용되고 있다. 땅의 주인들이라는 뜻의 '탕가타 훼누아tangata whenua'와 부족이라는 뜻의 '이위iwi'가 대표적인 예로, 이들 단어는 각종 매체에서 사용될 뿐만 아니라 영어의 동반 표기 없이 법문에도 등장하고 있다.

뉴질랜드인의 의사소통 방식

앞서 살펴봤듯이 뉴질랜드인들은 일반적으로 허례허식이 없고, 격식에 얽매이지 않으며 현실적이다. 그리고 여러분도 자신들과 비슷한 성향이기를 기대한다. 뉴질랜드인들은 여러분을 있는 그대로 받아들인다. 따라서 그들에게 굳이 무언가를 보여주려고 애쓸 필요가 없다. 지나치게 직설적인 표현은 공격으로 간주되므로 더 친해지기 전까지는 언행을 조심하는 것이 좋다. 지나친 질문은 삼가기 바란다. 뉴질랜드인들은 많은 질문을 한꺼번에 받으면 심문 받는 듯한 기분을 느끼고 대부분 뒤로 물러난다. 하지만 미리 준비한 질문 목록에서 뽑아낸 것 같지 않은 순수한 호기심과 관심에서 나온 질문, 이를테면 삶의 방식에 관한 질문이나 뉴질랜드에 대한 간단한 질문에는 예의 바르게 답할 것이다.

지나치게 친근하게 구는 태도도 금물이다. 적어도 관계의 시작 초반에는 그렇다. 뉴질랜드인들은 누구와 만나든 포옹하고 등을 두드리면서 싹싹하고 친절하게 구는 스타일이 아니다. 개인적인 공간을 지켜줘야 하고, 팔을 뻗으면 닿을 거리 정도를 유지하는 것이 좋다. 단순한 악수면 충분하다. 하지만 뉴질랜드인들도 여러분과 친해지면 포옹하고 등을 두드리는 것 같은 친근한 표현을 할 것이다.

흔히 들을 수 있는 인사 "How are you?"는 종종 한 단어처럼 붙여 말하는데, 상대방의 대답을 바라고 하는 인사가 아니므로 여러분이 실제로 오늘 어떤 기분인지 구구절절 설명하지 않아도 된다. 뉴질랜드인들은 종종 낯선 사람에게도 이 인사를 건넨다. 밖에서 산책을 하다가 뉴질랜드인에게 이 인사를 받았다면 '안녕하세요?' 정도의 인사로 이해해도 된다. 이 경우 살짝 웃어 보이거나 고개를 끄떡이면 충분하다. 그것도 상대방이 여러분과 눈을 마주쳤을 때나 그렇다. 아예 눈도 마주치지 않고 인사하고 지나가는 사람도 많기 때문이다. 누군가 여러분에게 진지하게 기분을 물어오면 "Good. Thanks"라고 대답하면 된다. 상대방과 눈을 마주친 뒤 상대방의 존재를 알았다는 의미로 눈썹을 추켜올리는 것은 원래 마오리족의 풍습이었지만, 오늘날 많은 사람들이 이렇게 인사한다.

뉴질랜드인들은 칭찬을 좋아한다. 마음껏 그들의 집, 장식품, 가구나 비품을 칭찬하기 바란다. 특히 그런 칭찬은 어색한 분위기를 전환하고자 할 때 아주 좋다. 누군가에게 초대를 받은 경우 집안에 들어가기 전 신발을 벗어야 하는지 물어보기 바란다. 마룻바닥을 보호하기 위해 많은 사람들이 실내에서는 신발을 신지 않는다.

【 금기사항 】

욕하는 사람이 드물었던 50년 전과 달리 최근 들어 욕설은 일상생활의 일부분이 되었다. 하지만 여전히 'f'로 시작하는 욕은 사적인 자리에서의 편안한 대화에서는 쓰이지만, 일반적으로는 눈살을 찌푸리게 한다는 점을 명심하기 바란다. 뉴질랜드인들은 공공장소에서 술에 취한 모습도 불쾌하게 여긴다. 음주운전이 적발되면 운전면허증 뒤에 위반 사실이 기입되기 때문에 뉴질랜드인들은 음주운전을 하지 않기 위해 조심하는 편이다. 하지만 음주에 대한 일반적 시각은 점차 관대해지고 있다. 10대 청소년의 음주에 대한 우려가 커지고는 있지만, 대체적으로는 때때로 술에 취하는 것도 괜찮다고 여긴다.

동일한 제스처도 나라별로 다른 의미를 띨 수 있으므로 제스처를 취할 때는 신중해야 한다. 호주를 방문했던 전 미국 대통령 조지 부시가 좋은 사례다. 당시 조지 부시는 손가락으로 승리의 V자를 만들어 호주 국민들에게 인사했지만, 사실 그 제스처는 호주에서 심한 욕설로 통했다. 마을 사람들이 모

• 해야 할 일과 하지 말아야 할 일 •

- 뉴질랜드를 칭찬한다.
- 뉴질랜드에 대한 모든 것에 열광한다.
- 스포츠 경기에서 거둔 뛰어난 성적을 칭찬한다. 특히 럭비, 요트에서의 활약은 빠뜨리지 말기 바란다. 여자들이 많은 곳에서는 네트볼 성적을 이야기하면 좋다.
- 럭비를 이해하려고 노력한다.
- 날씨에 대해 이야기한다.
- 마오리어 단어를 몇 개 배운다.
- 마오리족의 풍습을 존중한다.
- 여러분 자신과 호주 사람들에 관한 농담을 한다.
- 뉴질랜드인을 호주인과 혼동하지 않는다.
- 뉴질랜드는 범죄자 유배지였던 적이 없다. '죄수'라는 말은 꺼내지 않는다.
- 상대방을 비난하지 않는다.
- 어떻게 하면 더 잘할 수 있는지 충고하지 않는다.
- 날씨에 대해 불평하지 않는다.
- 제대로 알고 있는 분야가 아니라면 함부로 제안하지 않는다.
- 새로운 발상을 너무 많이 제시하지 않는다.

- 여러분의 나라에서는 뉴질랜드와 다른 방식으로 일을 처리한다거나, 뉴질랜드보다 일을 더 효과적으로 처리한다는 식의 이야기는 금물이다.
- 뉴질랜드를 '고립된 나라'로 바라보는 표현은 삼간다.
- 미리 양해를 구하지 않은 채 현지인들의 사진을 찍지 않는다. 특히 마오리족과 폴리네시아인의 경우 더욱 조심해야 한다.

이는 공간인 마라에(집회 장소)는 마오리족이 신성시하는 공간이다. 마라에를 방문할 때는 현지인의 안내를 받는 것이 좋다. 폴리네시아인들은 겸손하고 소박하며 상대방과 길게 눈을 맞추지 않는다. 그리고 자신보다 상대방이 높은 곳에 앉는 것을 무례하다고 여기므로 그들과 함께 앉을 때는 더 높은 곳에 앉지 않아야 한다.

유머

뉴질랜드인들은 주로 은근한 유머를 구사하고, 농담이나 한두

가지 특이한 우스개가 섞인 대화를 즐긴다. 특히 자기비하나 호주를 깎아내리는 농담을 좋아한다. 뉴질랜드는 지역별로 유머 코드가 다르고, 이해하기 힘들 정도로 절묘한 농담부터 누가 들어도 농담인 것까지 여러 단계가 있기 때문에 농담을 하기 전에 상대방이 얼마나 민감하게 받아들일지 먼저 생각해보는 것이 좋다.

우편 서비스

뉴질랜드의 우편 서비스는 항상 효율적이고 믿을만하다는 평가를 받지만, 전자우편이 증가하면서 이용자가 줄어들자 정부는 매주 6일 실시하던 배송 서비스를 3일로 단축했다. 기존 우편 서비스의 대안인 패스트포스트가 있지만, 요금이 일반 우편에 비해 두 배 정도 비싸다. 패스트포스트는 주요 마을 간, 도시 간 우편물을 영업일 기준으로 발송하고 익일에 배송 완료하는 것을 목표로 삼고 있다. 패스트포스트 이용자는 규격과 요금을 선택할 수 있다. 요금은 보내는 서신이나 서류의 크기와 무게에 따라 달라진다. 우체국은 마을마다 있고 일부 우

체국은 서점을 비롯한 다른 상점과 공간을 함께 쓰기도 한다. 이 경우 상점 밖에 우체국 표시가 붙어 있다. 우체국은 토요일 오후와 일요일을 제외하고는 매일 영업한다.

택배회사들은 발송 다음날 도착하는 빠른 택배와 경제적인 비용의 일반 택배 등 다양한 서비스를 제공한다. 고객은 우편물 수거 단계부터 배송 단계까지 물품의 위치를 확인할 수 있는 추적 서비스도 이용할 수 있다.

해외 우편에도 여러 종류가 있다. 인터내셔널 익스프레스는 세계 각지에 우편물을 며칠 안에, 호주 중심부의 경우 발송 다음날 배송을 완료하는 추적 가능 우편 서비스를 제공하고, 220개 이상의 나라에 지부를 두고 있다. 인터내셔널 에어는 특정 국가까지 1~2주가 걸리는 우편 서비스를 제공하며 추적이 가능하다. 인터내셔널 이코노미는 3~5주 안에 우편물을 배송한다.

도시의 대형 우체국에서는 우편물 유치도 가능하다. 우편물은 최장 3개월까지 무료로 보관하지만, 소포의 경우 우편물을 찾을 때 보관료를 부과할 수 있다. 해당 사항에 대해서는 www.nzpost.com에서 자세한 내용을 확인할 수 있다.

첨단기술

컴퓨터, 인터넷, 휴대전화, 디지털 기술을 비롯한 최첨단 통신 기술은 전화와 팩스 같은 전통적인 통신수단에 많은 영향을 끼쳤다. 인터넷은 뉴질랜드의 지리적 고립을 극복하는 데 요긴하게 쓰이는 통신수단이다. 현재 뉴질랜드 인구의 86% 이상이 인터넷을 쓰고 있고, 대부분의 뉴질랜드인들은 전자우편, 판매대금자동결제망, 현금자동입출금기, 인터넷뱅킹, 휴대전화,

문자메시지, 디지털 카메라 등을 능수능란하게 사용한다.

뉴질랜드인 가정의 80%가 적어도 한 대 이상의 컴퓨터를 보유하고 있으며 인터넷 이용료도 비싸지 않다. 덕분에 인터넷이 더 빠르게 보급될 수 있었다. 현재 80여 개의 인터넷 서비스 공급업체가 191만 6,000개의 고속 인터넷 접속 및 6만 5,000개의 다이얼 접속 인터넷 서비스를 제공하고 있다.

【 전화, 휴대전화 그리고 인터넷 】

뉴질랜드에서 인터넷에 접속할 때는 보다폰, 투디그리스, 스파크 앤드 스키니 같은 주요 통신회사에서 관련 상품을 구입하는 것이 좋다. 무료 와이파이는 주로 대도시에서만 찾아볼 수 있다. 주요 통신회사 상품을 구입하면 데이터, 전화, 문자메시지를 모두 사용할 수 있다.

공중전화는 많지 않지만 공항이나 쇼핑센터 같은 곳에는 설치되어 있다. 보통은 현지에서 구입할 수 있는 선불카드나 동전만 사용이 가능하지만, 신용카드를 사용할 수 있는 공중전화도 간혹 있다. 선불카드는 서점, 슈퍼마켓, 휴게소에서 구입할 수 있다. 뉴질랜드의 전화번호는 화이트페이지(사업체와 가정의 전화번호를 알파벳순으로 제공)와 옐로페이지(사업체 전화번호 목록)

• 유용한 전화번호 •

- 111: 경찰, 소방서, 구급대로 바로 연결되는 응급 전화번호
- *555: 자동차 고장, 부상 없는 경미한 사고, 도로 위험물질 등을 신고할 수 있는 휴대전화용 비응급 신고전화
- 018: 전국 전화번호 안내
- 0172: 해외 전화번호 안내

  뉴질랜드 전화번호는 www.whitepages.co.nz에서 검색 가능하다.

에서 찾을 수 있다.

결론

대부분의 나라에서 뉴질랜드로 가려면 먼 여정을 감내해야 하지만, 뉴질랜드는 충분히 그럴 만한 가치가 있는 나라다. 천혜의 매혹적인 자연환경과 다양성이 공존하는 뉴질랜드는 다른 나라들과 멀리 떨어져 있기 때문에 여유롭게 시간을 보내

기 좋다. 대다수 외국과 시차가 크기 때문에 동시간대의 국제적 의사소통이 조금 어렵지만, 뉴질랜드인들은 지리적 고립에 익숙하듯 시차에도 익숙하다. 때로는 외진 곳에 위치해 있다는 점이 유리하게 작용하는 경우도 있다. 911 테러가 대표적인 사례일 것이다.

뉴질랜드에는 세계적으로 인정받는 수준 높은 포도주와 맛있는 맥주, 그리고 다양한 음식이 있어 지루할 틈이 없고 연중 내내 즐길 수 있는 활동과 볼거리가 넘친다.

뉴질랜드인들은 형식에 얽매이지 않고 성급한 판단을 삼간다. 뿐만 아니라 친절하고 상냥하다. 우편배달부, 상점 계산대에 앉아있는 점원, 길에서 우연히 마주치는 행인 등 모든 뉴질랜드인들이 언제든 멈춰 서서 여러분을 도울 준비가 되어 있다는 점을 곧 알게 될 것이다. 길을 헤매고 있으면 누군가 다가와 길을 가르쳐줄 것이고, 특히 지도를 들여다보면서 우왕좌왕하고 있으면 십중팔구 누군가의 도움을 얻을 수 있을 것이다. 뉴질랜드인들은 믿을 만하고 정직한 사람들이다. 몇 시간 정도 여러분의 짐을 안심하고 맡길 수도 있을 것이다. 여러분의 집에 전기기사가 오기로 했는데 외출해야 하는 경우 이웃에게 전기기사가 오면 대신 현관문을 열어주라고 부탁할 수도 있다. 심지어 전기기사가 직접 문을 열고 들어가도록 깔개 밑에 열쇠를 두고 나갈 수도 있다. 오늘날 그런 행복감과 편안함을 느낄 수 있는 곳은 드물다.

참고문헌

Bennett, Joe. *A Land of two Halves*. London: Scribner, 2004.

Dew, Josie. *Long Cloud Ride*. London: Sphere, 2007.

Duff, Alan. *Once Were Warriors*. New York: Vintage International, 1995.

Elder, Alexander. *Straying From the Flock: Travels in New Zealand*. Hoboken, New Jersey: John Wiley and Sons, Inc., 2005.

Harper, Laura et al. *The Rough Guide to New Zealand*. London: Rough Guides, 2004.
Hillary, Edmund. Nothing Venture, Nothing Win. London: Hodder and Stoughton, 1975.

Hulme, Keri. *The Bone People*. USA: Penguin non-classics, 1986. (Won the Booker Prize in 1985.)

Ihimaera, Witi. *The Whale Rider*. Auckland: Reed Publishing, 2003.

King, Michael. *Penguin History of New Zealand*. Eastbourne: Gardners Books, 2005. (Won Readers Choice award in 2004.)

King, Michael King. *Being Pakeha: An Encounter With New Zealand and the Maori Renaissance*. London: Hodder and Stoughton, 1985.

Mansfield, Katherine. *Short Stories of . . .* , New York: Ecco Press, 1983.

Moore, Bob. *The 1 Thing: A Small Epic Journey Down New Zealand's Mother Road*. Auckland: New Holland Publishers (NZ), 2006.

Patterson, John. *Exploring Maori Values*. Auckland: Dunmore Press, 1992.

Poole, Kate. *Eyewitness Travel Guides*. New York: DK Publishing, 2003.

Romanos, Joseph. *New Zealand's Top 100 History-Makers*. Wellington: Trio Books, 2005.

Sinclair, Kenneth. *A History of New Zealand*. Auckland: Pelican, 4th Rev. Ed., 1991.

Sinclair, Kenneth. *A Destiny Apart: New Zealand's Search for a National Identity*. Wellington: Allen & Unwin, 1986.

Smitz, Paul, et al. *Lonely Planet: New Zealand*. Hawthorne, Victoria; Oakland, California; London; Paris: Lonely Planet Publications, 2004.

Tarling, Nicholas. *The Essential Pocket Kiwi*. Auckland: Dunmore Press, 1995.

Thomas, Gail et al (eds). *My Home Now: Migrants and Refugees to New Zealand Tell Their Stories*. Auckland: Cape Catley, 2005.

Thompson, Christina. *Come on Shore and We Will Kill and Eat You All*. London: Bloomsbury, 2008.

지은이

수 버틀러

영국의 작가로 뉴질랜드에서 3년 동안 살면서 일한 적이 있다. 철학과 심리학 학위를 받은 뒤 광고, 홍보, 위기관리 분야에서 일했고, 관련 서적 한 권을 공동집필했다. 언론인과 잡지 편집자로 일했으며, 홍보회사를 경영한 바 있다. 뉴질랜드에 머물렀을 때 몇 군데 잡지에 기고하면서 이곳저곳을 두루 여행했다. 현재 남편과 함께 남아프리카공화국 웨스턴케이프주의 포도재배 지역에 살고 있다.

릴야나 오르톨야-베어드

런던대학교에서 문학 석사학위를 받았다. 몇몇 대형 출판사에서 편집자와 출판인으로 일했으며, 가장 최근에는 아셰트를 상대로 일했다. 대학시절부터 지속적으로 이어온 그녀의 뉴질랜드에 대한 관심은 출판인으로서 뉴질랜드 작가들과 맺은 인연을 통해 한층 더 뜨거워졌다. 현재는 영국 케임브리지 근처를 중심으로 활동하고 있다. 지도제작 역사 연구 학술지인 〈세계고지도협회보〉와 〈이마고 문디〉의 편집자와 부편집자를 맡고 있다.

옮긴이

박수철

고려대학교 서양사학과를 졸업했으며, 현재 번역 에이전시 하니
브릿지에서 출판기획 및 전문 번역가로 활동하고 있다. 옮긴 책
으로는 『세계 문화 여행: 터키』, 『세계 문화 여행: 스페인』, 『세계
문화 여행: 스위스』, 『세계의 디자인』, 『사진으로 기록된 20세기
전쟁사』, 『한권으로 읽는 철학의 고전 27』, 『철학 교수님이 알려
주는 공부법』, 『퍼니텍처』, 『인간은 어리석은 판단을 멈추지 않
는다』 등 다수가 있다.

세계 문화 여행 시리즈

**세계의 풍습과 문화가 궁금한
이들을 위한 필수 안내서**

세계 문화 여행_그리스 (개정판)

콘스타인 부르하이어 지음 | 임소연 옮김 | 260쪽

세계 문화 여행_네덜란드

셰릴 버클랜드 지음 | 임소연 옮김 | 226쪽

세계 문화 여행_노르웨이

린다 마치, 마고 메이어 지음 | 이윤정 옮김 | 228쪽

세계 문화 여행_덴마크

마크 살몬 지음 | 허보미 옮김 | 206쪽

세계 문화 여행_독일

배리 토말린 지음 | 박수철 옮김 | 242쪽

세계 문화 여행_라오스

나다 마타스 런퀴스트 지음 | 오정민 옮김 | 236쪽

세계 문화 여행_러시아

안나 킹, 그레이스 커디히 지음 | 이현숙 옮김 | 266쪽

세계 문화 여행_멕시코 (개정판)

러셀 매딕스 지음 | 이정아 옮김 | 266쪽

세계 문화 여행_모로코

질리안 요크 지음 | 정혜영 옮김 | 218쪽

세계 문화 여행_몽골

앨런 샌더스 지음 | 김수진 옮김 | 268쪽

세계 문화 여행_미국 [출간예정]

앨런 비치 지음 | 이수진 옮김 | 240쪽(예정)

세계 문화 여행_베트남 (개정판)

제프리 머레이 지음 | 정용숙 옮김 | 242쪽

세계 문화 여행_벨기에

버나뎃 마리아 바르가 지음 | 심태은 옮김 | 242쪽

세계 문화 여행_불가리아 [출간예정]

줄리아나 츠베트코바 지음 | 금미옥 옮김 | 240쪽(예정)

세계 문화 여행_스웨덴

닐 시플리 지음 | 정혜영 옮김 | 250쪽

세계 문화 여행_스위스 (개정판)

켄들 헌터 지음 | 박수철 옮김 | 238쪽

세계 문화 여행_스페인 (개정판)

메리언 미니, 벨렌 아과도 비게르 지음 | 김수진 옮김 | 274쪽

세계 문화 여행_싱가포르

앤절라 밀리건, 트리시아 부트 지음 | 조유미 옮김 | 210쪽

세계 문화 여행_아랍에미리트

제시카 힐, 존 윌시 지음 | 조유미 옮김 | 208쪽

세계 문화 여행_아이슬란드

토르게이어 프레이르 스베인손 지음 | 권은현 옮김 | 228쪽

세계 문화 여행_에티오피아

세라 하워드 지음 | 김경애 옮김 | 264쪽

세계 문화 여행_오스트리아

피터 기에러 지음 | 임소연 옮김 | 232쪽

세계 문화 여행_이스라엘(개정판)

제프리 게리, 메리언 르보 지음 | 이정아 옮김 | 248쪽

세계 문화 여행_이탈리아(개정판)

배리 토말린 지음 | 임소연 옮김 | 272쪽

세계 문화 여행_일본(개정판)

폴 노버리 지음 | 윤영 옮김 | 230쪽

세계 문화 여행_중국(개정판)

케이시 플라워 외 지음 | 임소연 외 옮김 | 266쪽

세계 문화 여행_체코

케반 보글러 지음 | 심태은 옮김 | 258쪽

세계 문화 여행_캐나다

다이앤 르미유, 줄리아나 츠베트코바 지음 | 심태은 옮김 | 252쪽

세계 문화 여행_쿠바

맨디 맥도날드, 러셀 매딕스 지음 | 임소연 옮김 | 254쪽

세계 문화 여행_태국

J. 로더레이 지음 | 김문주 옮김 | 254쪽

세계 문화 여행_튀르키예

샬럿 맥퍼슨 지음 | 박수철 옮김 | 268쪽

세계 문화 여행_포르투갈

샌디 구에데스 드 케이로스 지음 | 이정아 옮김 | 212쪽

세계 문화 여행_폴란드

그레고리 알렌, 막달레나 립스카 지음 | 이민철 옮김 | 240쪽

세계 문화 여행_프랑스

배리 토말린 지음 | 김경애 옮김 | 252쪽

세계 문화 여행_핀란드

테르투 레니, 엘레나 배럿 지음 | 권은현 옮김 | 236쪽

세계 문화 여행_필리핀

그레이엄 콜린 존스 외 지음 | 한성희 옮김 | 244쪽

세계 문화 여행_헝가리

브라이언 맥린, 케스터 에디 지음 | 박수철 옮김 | 256쪽

세계 문화 여행_홍콩

클레어 비커스, 비키 챈 지음 | 윤영 옮김 | 232쪽